एक नई जिंदगी

नीरज पटेल

कॉपीराइट पृष्ठ

भारत में वर्ष 2019 को सबसे पहली बार प्रकाशित

ISBN: 978-93-88333-70-2

इनविन्सेबल पब्लिशर्स

201A, SAS Tower, Sector 38, Gurgaon-122003

यह पुस्तक आपके लिए क्या कर सकती है...

- आपको एक नई जिंदगी जीना सिखाएगी
- सफल कैसे बनना है वों सिखाएगी
- आपको पैसो की समझ दिलाएगी.
- व्यवसाय क्या है और कैसे करना है वो जानेंगे
- आपको जीने के लिए क्या जरुरी है वो सिखाएंगे
- आपको अपनी लाइफ में क्या करना चाहिए उसकी सिख मिलेगी
- ऐसा तरीका सीखेंगे जिससे आप आसानी से पैसा कमा सकते है और अपनी अलग जिंदगी जी सकते हो
- लोगो से बात करने का तरीका आप सीखेंगे
- आपकी जिंदगी के अहम् हिस्सों के बारे में जानेंगे

इस पुस्तक को पढने के बाद आप सच में महसूस करेंगे की हाँ आप भी सफल बन सकते है एक नई जिंदगी जी सकते है और आप भी पैसे कम सकते है, इस दुनिया में कोई भी ऐसा व्यक्ति नहीं है जो सफल नहीं हो सकता जो पैसे नहीं कमा सकता आप इस किताब से जानेंगे की आपको क्या करना है और कैसे करना है..

अभिस्वीकृति

मैं उन सभी लोगो का आभार व्यक्त करना चाहूँगा जिन्होंने इस किताब के दौरान मेरा साथ दिया | जो मेरे सहयोगी बने, मुझसे बात की, पढ़ा, लिखा और अपनी राय दी |

वैसे पुस्तक लिखना लगता तो एक व्यक्ति का काम है, लेकिन सचाई कहूँ तो अगर आपको लाखों लोगो तक अपनी बात पहुचानी हो तो इसमें पुरी टीम की जरूरत होती है जिसमे हर वो इन्सान आ जाता है जो कही न कही एक लेखक को मदद करता है | सबसे पहले मैं अपने माता-पिता को धन्यवाद देना चाहूँगा और साथ ही अपनी पत्नी को भी तहे दिल से शुक्रिया करना चाहूँगा | मुझे वह जगह देने के लिए शुक्रिया जहाँ मैं अपना मन चाहा काम कर पाया और साथ ही मेरी पूरी Youtube Family जो मेरे videos विडियो को देखते है मुझे सुनते है और उसे दुसरे लोगो तक पहुंचाते है उन सभी का मैं आभारी हूँ..

मेरे जबरदस्त और सबसे बेहतरीन बुक इन्विन्सबल पब्लिशर्स को उनके सत् सहयोग और प्रोत्साहन के लिए धन्यवाद, जिन्होंने मुझे पुस्तक व्यव्सए की अंदरूनी जानकारी दी और इसे लिखने में मुझे पूरा सहयोग दिया | जिनको मैं अपने गुरु मानता हूँ उनको भी दिल से ध्यन्यवाद..

और उन सभी लोगो को शुक्रिया जो मुझे आज तक साथ देते रहे..

अगर आप लोग नहीं होते तो, NIKOLOGY जैसा YOUTUBE CHANNEL बना पाना और इस किताब को लिखना मेरे लिए संभव नहीं था..

लोग कहते है जिंदगी को अकेले भी काटा जा सकता है, लेकिन मेरा मानना है जब आप जैसे लोगो का साथ हो तो जिंदगी को खुसी से जिया जा सकता है...

धन्यवाद

अनुक्रमाणिका

अध्याय 1

विश्वास करे की आप सफल इन्सान बनेंगे और पैसे कमा सकते है

◆ ◆ ◆

एक आम इंसान के लिए अमीर बनना एक सपने जैसा ही होता है, क्योंकि हर एक इंसान की जिंदगी में पैसो को लेकर कहीं ना कहीं उतार चढ़ाव आते ही रहते है और ज़ब आम इंसान की बात की जाए तो उसकी जिंदगी में हर मौड़ पर उसे पैसो की दिक्कत आती ही रहती है | क्योंकि वह जितना कमाता नहीं उससे ज्यादा वो खर्च करता है और अपने पैसो को कहां पर निवेश करना है और कैसे पैसे से पैसे कमाना है इसके बारे में नहीं जानता |

आपकी भी कहानी ऐसी ही होगी कि आप पैसे नहीं बचा पाते होंगे और कहीं ना कहीं आप भी योजना बनाते होंगे पैसे बचाने के लिए। लेकिन आपके द्वारा बचाए पैसे कुछ काम या फिर किसी और जगह पर खर्च हो ही जाते होंगे। अगर आपको भी जिंदगी में एक सफ़ल इंसान बनना है और करोड़पति की लिस्ट में आना है तो आपको कोई

रहस्य जानने की जरूरत नहीं है। बस आपको थोड़ी बहुत बातों की समझ होना जरुरी है। आपको ये पता होना चाहिए कि एक आम इंसान और एक सफल इंसान क्या सोचता है। दोनों की सोच में क्या फर्क होता है और आपको अपनी सोच में क्या बदलाव करने है। बस ये सवाल अपने आप से पूछने है।

मैं ये नहीं कहता की पैसा कमाने के लिए आपको लालची बन जाना है या फिर कुछ भी बिना प्लानिंग के तरीके को अपना कर आपको पैसा कमाना है। आप मेहनत करके भी पैसा कमा सकते है. हम आगे बढ़ेंगे और जानेंगे की पैसे कितने जरुरी है और पैसा कैसे कमाना है और साथ ही काफी सारी ऐसी बातो पर हम बात करने वाले है जो एक आम इन्सान अगर समझ जाये तो उसे एक बुद्धिमान और धनवान बनने से कोई नहीं रोक सकता। लेकिन उससे पहले एक कहानी आपको समजनी चाहिए इसमें मैं कुछ ज्यादा नहीं बताऊंगा की उस कहानी से आपको क्या सिख मिलती है और क्या आपको सीखना चाहिए ये आपको खुद ढूढना है। अपने अंदर और खुद ही से सवाल पूछना है की क्या सच में आप इस किताब को पढने के बाद पूरी मेहनत और लगन से काम करेंगे। मैं

ये भी बता देना चाहता हूँ कहानी पूरी तरह से काल्पनिक है लेकिन कहीं न कही ये एक सच भी है और आप इस कहानी से क्या सीखते है ये आप पर निर्भर है क्योंकि जब तक आप खुद अपनी जिंदगी में बदलाव नहीं लाना चाहेंगे तब तक कोई भी इन्सान आपकी जिंदगी को बदल नहीं सकता और इस किताब का यही मकसद है की आपको सिर्फ समझदार और पैसे वाला नहीं बनना है लेकिन एक अच्छा और काबिल इन्सान भी बनना है।

एक गरीब इन्सान था वो इतना गरिब था की वो अपने परिवार का पालन-पोषण भी बड़ी मुश्किल से कर पाता था। फिर भी वह अपनी बेटी की शादी बड़े अच्छे से करने का सपना देखता था और अपने बेटे को पढ़ा-लिखाकर बड़ा आदमी बनाना चाहता था। अक्सर उसे अपनी गरीबी से गुस्सा आता था और एक दिन उसका भाग्य अचानक बदल गया उसे लॉटरी लग गई।

एक साथ बहुत सारा रूपया हाथ में आते ही उसने 10-15 सिलाई की मशीन खरीदकर कारीगर बिठा दिए। देखते ही देखते उसका काम बहुत बढ़ गया. अब वो एक बहुत बड़े कंपनी का मालिक बन गया तब तक उसके बच्चे बड़े

हो गयें लेकिन बाप के अपार पैसे ने उनकी आदते बिगाड़ दी थी।

औलाद उस आदमी की कमजोरी थी इसलिये उसने कभी अपने बच्चो को टोकने की कोशिश नहीं की और न ही ये जानने की कोशिश की उसने अर्जित किया हुवा पैसा उसके बच्चे कहा खर्च कर रहे है और ऐसा करते करते उसका बैक-बैलेंस नील हो चूका था। उसके पास स्टाफ - कारिगरो को तनखाह देने के लिये भी पैसा नहीं बचा था। इसका नतीजा उसका कारखाना बंद हो गया और वो पहले की तरह गरिब हो गया।

देखा आपने, जब तब उस इन्सान ने सोच समझकर पैसे का उपयोग करता रहा तब तक उसकी उन्नती होती रही, उसके पास का पैसा बढ़ता गया लेकिन जैसे ही पैसा व्यय/संचय करने में लापरवाही आयी और अपव्यय आरंभ हुवा तब उसे कंगाल होते ज्यादा समय नहीं लगा। वैसे एक ऐसी बात में आपको बता सकता हूँ जो सच में आपकी जिंदगी में एक बड़ा बदलाव ला सकती है, अब मानलो की एक रहस्य जैसी ही कुछ चीज आपको बता सकता हूँ और वो बात जानकार आपको जो चाहीए वो पा भी सकते है, मतलब की हर वो चीज जिसकी सिर्फ आप

कल्पना करते हो, लेकिन उसके लिए शर्त यही है की इस कहानी से आपने क्या सिखा ?

क्या ये कहानी सच में आज से अभी से आपकी जिंदगी में बदलव लाएगी, इसका जवाब मुझे आपसे नहीं चाहिए, बस एक पेन उठाना है एक ब्लैंक पेपर लीजिये और लिखिए की आप इस कहानी से क्या क्या सिख सकते है.. पूरा दिमाग लगा लीजिये की क्या आप सीखे, दुसरो को क्या सीखना चाहिए, और आप आपनी लाइफ में आज के बाद क्या बदलाव लायेंगे। इस कहानी से सिख लेकर, वैसे मैंने इसी किताब के एक पन्ने पर इस बात का जवाब लिखा है उसे ढूढंने के लिए आपको इस किताब को और इस किताब की बातो को ध्यान से पढना होगा, And I'm sure की अपने जो जवाब आपके पेज पर लिखा है वो ही जवाब आपको किताब के उस पन्ने पर मिलेगा.

आगे बढ़ते है

- अपनी और पैसो की दोनों की कदर करना सीखिए।

मैं अपने जीवन में काफी सारे ऐसे लोगों को मिला हूँ जिनका कहना यही होता है कि मुझसे पैसे नहीं बचते है। मगर मैं पैसे बचाने की कोशिश करता हूँ। कुछ लोग

तो ये भी कहते है कि पैसे के पीछे भागना गलत है और कुछ लोगों का ये भी कहना होता है कि पैसा-पैसा पूरी जिंदगी करेंगे तो जिंदगी को कैसे जियेंगे, वैसे इसी बात पर मुझे एक काफी अच्छी लाइन याद आती है कि

"पैसा खुदा नहीं, लेकिन खुदा की कसम खुदा से कम भी तो नहीं|" इसीलिए ज़रूरी नहीं कि पैसे बचाने वाला या पैसे के पीछे भागने वाला इंसान गलत है। आप ये भी सोच सकते है कि उस इंसान के सपने बड़े है, वो दुसरे लोगों से एक अलग जिंदगी जीना चाहता है, वो कुछ अलग देना चाहता है इस दुनिया को इसीलिए वो इंसान पैसे के पीछे है।

आप जब तक अपने आपकी ओर पैसो की कद्र नहीं करोगे तब तक आप कभी भी करोड़पति नहीं बन सकते। क्योंकि आपको पहले तो अपनी खुद की अहमियत पता होनी चाहिए। आप अपने आपको कौन-से स्तर पर मानते है और आगे अपने आप को किस स्तर पर देखना पसदं करोगे।

यदि आप पैसा कमाना, पैसा बचाना, खुद की इज्जत करना, लोगो को इज्जत देना और अपने आप को एक अच्छा इंसान बनाने की तरफ जा रहे है, तो इसका मतलब

है कि आप एक अच्छी जिंदगी के सपने देखते है जैसे की शानदार घर, अच्छी जगह पर जाना, मार्ग दर्शक बनना, लोगो की नजरो में इज्जत पाना, वो सुख पाना जिसके एक आम इंसान सिर्फ सपने देखता है।

पैसे कमाना तो हर कोई चाहता है लेकिन हर इंसान को पहले तो पैसे की कद्र नहीं होती और दूसरी तरफ अपने आप की भी नहीं होती, मतलब देखा जाये तो खुद पर विश्वास ही नहीं होता। यहाँ आपको ये जान लेना चाहिए कि खुद पर विश्वास अगर आप नहीं रखते तो आप कभी भी करोडपति नहीं बन पाएंगे। बाते आपको कड़वी लग सकती है कि अगर आप एक हारे हुए इंसान की तरह रहोगें तो हार मिलेगी, कमज़ोर की तरह रहोगे तो लोग आपके ऊपर हावी हो जायेंगे, और वैसे ही अगर आप अपने आप की कदर नहीं करोगे तो आप गरीब रह जायेंगे।

हम कोई कहानी पर बात नहीं करेंगे सीधे आपकी जिंदगी पर ही बात करते है। अगर आप एक आम परिवार से है तो जरा सोचों जब से आप चीजों को समझने लगे, तब से हर रोज़ आपने घर में एक ना एक बार पैसों की बात होती सुनी होगी, जैसे कि आज ये लाना था मगर

नहीं ले पाए, अगले महीने ये लेना है तो पैसो का बंधोबस करना होगा, कुछ भी अगर खरीदना है तो उसके लिए योजना बनानी पड़ती है। राईट ! क्यों ? क्यों प्लानिंग करना पड़ता है ? क्योंकि आज तक आप के परिवार में किसी ने आगे का सोचने की कोशिश ही नहीं की, कि पैसे ज्यादा कैसे कमाने है जितने पैसे आते है उतने का कुछ ना कुछ लेकर उस पैसे को बिना काम की वस्तुओं को खरीद कर बर्बाद कर देते है, हर रोज़, हर महीना , और हर साल ऐसा ही बीतता जाता है और इंसान गरीब का गरीब रह जाता है क्योंकि पहले से ही पैसो की कद्र नहीं की।

दूसरी तरफ देखा जाये तो ये समझ सकते है कि हर इंसान उतना ज्यादा नहीं सोचता लेकिन आप अगर करोड़पति बनना चाहते है तो आपको सोचना होगा कि आपको पैसे की और अपनी कद्र करनी है, वरना यही कहानी आप अपने बच्चो को या फिर बूढ़े होकर किसी और को कहोगे कि अगर उस टाइम पर मैंने पैसो की कद्र की होती, तो आज तुम्हारे सामने एक लग्ज़री कार खड़ी होती, किसी और को कहानी और सपने सुनाने से अच्छा है कि आप सीख जाओ पैसो की और खुद की कदर

करना। जिससे आप अपने सपने ही नहीं अपनी हकीकत भी किसी को दिखा पाओ।

अध्याय 2

पैसा को व्यर्थ के काम में और समय को व्यर्थ की बातो में बर्बाद न करे

◆ ◆ ◆

इंसान की जिंदगी में समय की अहमीयत समझना बेहद जरूरी है क्योंकि अगर आप समय की कद्र नहीं करोगे तो समय जाने के बाद आपकी कद्र कोई नहीं करेगा।

हालांकि मैंने ऐसे कई सारे लोग देखे है जो समय और पैसो की अहमीयत को जिंदगी ख़त्म हो जाती है पर समझ नहीं पाते, जरा विचार कीजिए कि वो आपके दोस्त जो चाय की टपरी पर बैठ कर एक हाथ में चाय और दूसरे हाथ में अपनी मौत 'सिग्ग्रेट' लेकर बैठे रहते है और बाते तो ऐसी करते है जैसे कि वो सच में करोड़पति बन जाएगे। लेकिन वो सिर्फ और सिर्फ बाते रह जाती है और आने वाली जिंदगी में वो कहीं न कहीं नौकरी करके जैसे भी करके अपनी जिंदगी का गुज़ारा करते रहते है। वैसे आप

सोच रहे होंगे कि ये बाते मैं आपको क्यों बता रहा हूँ, क्योंकि आप भी ऐसी जगह पर अपना समय देते होंगे। आप भी ऐसे लोगों के साथ बैठते होंगे जहां पर बड़ी-बड़ी बाते होती है, करोड़पति बनने के सपने देखे जाते है एवं योजनाए बनायी जाती हो। लेकिन कभी आपने सोचा कि, उनकी सोच आपके ऊपर हावी हो गई तो आप अपनी जिंदगी को बिल्कुल वैसे ही जियेंगे जैसे कि वो जी रहे है या फिर आगे जीने वाले है। हालंकि कुछ लोगों का कहना ये भी होगा कि नए विचार तो ऐसी ही जगह बैठ कर आते है, लेकिन ये आपका सबसे बड़ा भ्रम है।

नये विचार आपके दिमाग में तब आएगें जब आप शांत रहोगें, अकेले में बैठ कर कुछ अच्छा सोचोगे, दुनिया को कुछ नया देने का एवं अपने आप को बेहतर बनाने का सोचोगे। ये विचार करोगे कि दुनिया को कौन-सी चीज की जरूरत है? उसे आप देने की सोचेंगे तो आपके मस्तिष्क में वो विचार आएगें न की फालतू की जगह अपना समय देकर। यहाँ पर सिर्फ समय पर में इतना ज्यादा फोकस करने के लिए इसलिए कर रहा हूँ क्योंकि अगर ये समय चला गया तो वापस कभी लोट कर नहीं आएगा। चाहे आप कितनी भी उम्र के है किसी भी परिस्थिति में है

लेकिन आपको पता होना चाहिए कि समय कितना कीमती है और उस समय की कीमत क्या है। वो कहते हैं ना कि ' **इस दुनिया में कितने लोग आये और कितने चले गए, कितनों के मिट्टी के पुतले बन गए और कितने मिट्टी में मिल गए'**। अब आप सोचिए कि आपको अपनी पहचान कहां पर बनानी है? मिट्टी में मिल जाना है या अमर हो जाना है। मेरा कहने का मतलब है कि आपको कुछ बड़ा काम करके अपने समय की कदर कर इस दुनिया में अपना नाम बनाना है या फिर एक आम इंसान की तरह जिंदगी जी कर राख में मिल जाना है। ये आपका फैसला होगा।

समय इतना कीमती क्यों है?

आप हर एक मिनिट कुछ नया सिखने में लगाओ, कुछ नया करने में लगाओ और खुद को बेहतर बनाने में लगाओ तभी आप एक सफल और करोड़पति इंसान बन सकते है। वैसे समय और करोड़पति बनने का क्या संबंध है यही सोच रहे होंगे ना आप । समय और करोड़पति बनना यही तो है सिक्के के दो पहलु अगर आप अपने समय को सही जगह पर इस्तेमाल करोगे तो आप उसे अच्छे पैसे बना सकते है जरा सोचिए, आज से कुछ साल पहले जब आप

अपने दोस्तों के साथ बैठ कर गप्पे लगा रहे थे और मजाक-मजाक में जो प्लान्स बनाये थे कि जिन्दगीं में ये करेंगे वो करेंगे, क्या वो आप ने किया? मुझे सौ फीसदी यकीन है कि 90 प्रतिशत लोग सिर्फ सपने देखने में अपना समय गुजारते है और पांच प्रतिशत ही सपने देखकर उस पर काम करते है क्योंकि वे सिर्फ और सिर्फ दूसरे लोगों के साथ बैठ कर योजना ही नहीं बनाते लेकिन उसे करने के लिए एक प्लानिंग भी तैयार करते है कि कैसे करना है कब करना है। इसके लिए किन-किन चीजों की जरूरत होगी? वैसे अगर आप समय की कदर करना सिख जाते है तो आप जिंदगी में कभी पछतावा नहीं करोगे।

पैसे की कदर करने की बात करे तो जब तक आप समय की कदर नहीं करते तब तक पैसो की कदर कैसे होगी? सच बताऊ तो आप कभी करोड़पति बन ही नहीं सकते अगर आपको समय की कदर नहीं है। अपकी जिंदगी वो चाय की टपरी या फिर किसी ऐसी जगह पर ही बीत जाएगी जहाँ फालतू के सपने और फालतू की बड़ी-बड़ी बातो को फेकने वाले लोग मिल जाए और कुछ समय बाद आपका प्रमोशन होगा और उनकी जगह आप लेंगे और आपके जैसे ही दूसरे लोगो को वहीं पर बैठ किसी और के

साथ सपने देख-देख कर उसे अपने जैसा बना देंगे। अगर आप चाहते है कि आपकी आने वाली पीढ़ी और आपके बाद जो भी लोग आए, वो कुछ नया करे तो शुरुआत आपको ही करनी होगी आपको ही बदलना होगा बदलाव आपसे शुरू होगा तभी बदलाव आएगा....

कॉलेज के समय या फिर मानो जहाँ आप नौकरी कर रहे है वहाँ आपका एक समुह तो जरूर होगा और बाते भी होती होगी कि आपको आगे क्या करना है? कैसे करना हैं? लेकिन जरा सोचो कि पहले भी ये हो चुका है ना। पहले भी आपका कोई समुह होगा उनके साथ भी बड़ी-बड़ी बाते की होगी। कुछ हुआ? नहीं हुआ। तो फिर अभी आप फिर से वहीं बात उसी समय पर क्यों दोहरा रहे हो? यही कहानी दूसरी बार क्यों होने दे रहे हो? अब इसका समाधान क्या किया जा सकता है उस पर बात करते है। पहले जो हुआ उसे भूल कर कुछ नया सोचो ये सोचो कि अब आपके पास जो योजना है उसका पूरी तरह से रिसर्च करके अगला कदम उठाओं और फिर उस क्षेत्र के लोगों को ढुंढे ना की वो जो इस क्षेत्र में कोई ज्ञान नहीं रखते। ऐसे लोग आपका मनोबल गिरा देगें। अतः आप ऐसे लोगों को ढूंढे जो आपके इस प्लान में रूचि रखते हो। फिर

उनके साथ आप आगे की योजना बनाए। तब जाकर आपके सपने पूरे होंगे और जो आपने सोचा है वो हकीकत बनेगा एवं तभी आप इस दुनिया को कुछ नया दे पाएगे।

जिस इंसान ने समय की कीमत समझी है वो हर चीज को जीत सकता है पैसे दूसरा पहलू है। अगर सोचा जाए तो समय ही एक चीज है जो आपको पैसे की कीमत समझेगा।

'समय बहुत ही कीमती है सोने-चांदी, हीरे-जवाहरात या कोई भी चीज का मूल्य हम लगा सकते है पर समय का नहीं'।

एक बात याद रखना कि जिन्होंने अपनी जिंदगी के एक-एक क्षण का सदुपयोग किया है, इस संसार में वो ही महान कार्य कर पाए है, और उन्होंने इतिहास में अपना नाम अमर किया है। अब बारी आपकी है कि आप अपने आप की, अपने समय की और अपने पैसो की कितनी वैल्यू करते है।

चलिए कुछ और प्रेक्टिकल बाते करते है में आपसे कुछ सवाल पूछना चाहूँगा..

- आपके लिए कोन-सी चीज सबसे जरुरी है - आपका समय या फिर आपका पैसा ?

- क्या पैसे से समय ख़रीदा जा सकता है ?
- आप पैसेंजर ट्रेन से Travel करना पसंद करते हैं या फिर सुपरफास्ट एक्सप्रेस से?
- आपके समय और आपके पैसे में आप सबसे ज्यादा किसे बचाने की कोशिश करते है?

ये कुछ ऐसे सवाल है जो आपको पैसे और समय दोनों की वैल्यू समझा देंगे।

देखिये, ज्यादातर रिटायर्ड लोग पैसेंजर से यात्रा करना ही पसंद करते हैं क्योंकि उसमें ट्रेवल करने पर खर्च कम आता है.. लेकिन पैसेंजर ट्रेन से सफ़र करने में समय बहुत ज्यादा लगता है।

क्यूंकि रिटायर्ड लोगों के पास समय की कोई कमी नहीं रहती, उनके पास ज्यादातर समय ही समय रहता है। इसीलिए वे पैसेंजर से यात्रा करना पसंद करते हैं.. और दूसरी तरफ यदि देखा जाए तो जो लोग ज्यादा व्यस्त होते हैं, Busy होते हैं वे सुपरफास्ट ट्रेन से यात्रा करना पसंद करते हैं.. क्योंकि व्यस्त लोगों के पास समय की कमी होती है, वे ज्यादा से ज्यादा समय का सदुपयोग करना चाहते हैं।

जो बहुत ही ज्यादा व्यस्त होते हैं वे लोग हवाई जहाज से यात्रा करते हैं, क्योंकि उनका टाइम और भी ज्यादा कीमती होता है..

इस बात से ये समझिये की कहा जाए तो जिस व्यक्ति का समय कीमती होता है वह उसे बचाने के लिए उतने ही ज्यादा पैसे खर्च करने को तैयार रहता है..

मेरे बहुत से दोस्त ऐसे हैं जो समय बचाने की जगह पैसे बचाने की ज्यादा कोशिश करते हैं, वैसे मैं भी दूध का धुला नहीं था लेकिन अब मुझे समय के महत्व के बारे में अच्छे से पता चल चूका है..

आज मैं समझ चूका हूँ कि जो लोग Time को ज्यादा Important देते हैं, वे अपना समय बचाने की बहुत ही ज्यादा कोशिश करते हैं, indirect रूप से कहा जाए तो वे समय को खरीद लेते हैं और समय का ऐसे उपयोग करते है जिससे पैसे बने और उसी पैसो को वो फिर से वो समय को बचाने में डालते है मतलब की अगर आप चाहो तो पहले समय बचाने पर ध्यान दीजिये और उसके बाद आप खुद देखेंगे की पैसे अपने आप बनने लग जाएंगे। एक EXAMPLE जरा सोचिये आपको कही एक मीटिंग में जाना है और वो मीटिंग आपकी लाइफ बदल सकती है

आपको एक बड़ा फण्ड मिल सकता है। अपने बिजनेस के लिए और वहा जाने के के लिए आपको थोडा पैसा खर्च करना पड़ रहा है लेकिन आप पैसे बचने के लिए किसी ऐसी चीस में ट्रेवल करते है जिसे आप वहा पर लेट पहुचते है और वो काम आपका नहीं हो पाता तो जरा सोचिये की जिस जगह पर आपका समय आपको बचाना था उस जगह पर आपको पैसो को ना देखते हुए समय को बचा कर अपना काम कर लेना चाहिए जिससे आपका काम/व्यवसाय और अच्छा चल पाए।

"थोड़े से पैसे बचाने के लिए कभी भी अपने समय को दाव पर नहीं लगाना चाहिए यह आपके लिए बुरा साबित हो सकता है"

काफी समय पहले मैं जब इन्टरनेट पर कुछ पढ़ रहा था। मेरे सामने एक चीनी कहावत आई बेशक मुझे चीनी पढना नहीं आता लेकिन हाँ किसी ने उसे हिंदी में लिखा था वो कुछ इस तरह से था **"एक इंच सोने से भी एक इंच समय नहीं ख़रीदा जा सकता"** मैंने इस कहावत को पढ़ कर काफी विचार किया की हाँ वैसे ये सही है की हम समय को नहीं खरीद सकते लेकिन जब कुछ दिन बीते तब कुछ प्रेक्टिकल तरीके से सोचा तब ये मुमकिन लगा

मुझे की अगर आप सूज बुज कर काम लो तो पैसे से आप समय खरीब सकते है आप सोचेंगे की वो कैसे इसे और आसान तरीके से समझते है..

छोटे-बड़े कम्पनियों के मालिक यही काम तो करते हैं। कम्पनी का मालिक अपना कोई उत्पाद नहीं बनाता, उसकी मार्केटिंग खुद नहीं करता, न ही अपना सामान बेचने जाता है लेकिन सबसे ज्यादा प्रॉफिट उसी का ही होता है।

आखिर कम्पनी का मालिक ऐसा क्या करता है कि उसे मुनाफा सबसे ज्यादा होता है?

कम्पनी का मालिक अपने कर्मचारियों से अपना मनचाहा काम करवाता है, यदि इसी बात को दूसरे शब्दों में कहा जाए तो आप कह सकते हैं कि "कम्पनी का मालिक दुसरे लोगों का समय खरीद लेता है" ये मत सोचिये की न तो आपकी कम्पनी है न ही आपके पास उतना पैसा तो ये आप कैसे करेंगे यहाँ पर बात आती है की आप अपनी बुद्धिमानी कितनी लगाते है, भले ही छोटे लेवल पर आप काम कर रहे है या फिर छोटा सा बिजनेस है। तो आप वो सारे काम अकेले मत करिए जो आप करना चाहते है उसके लिए जिस एक्सपर्ट को आता है उससे वो काम दीजिये और उसके साथ कुछ अलग तरह

से टाई-उप कर लीजिये जिससे उसका भी फायदा हो और आपका भी समय बच जाए और जो समय बचता है उससे आप किसी और अच्छी चीज में इन्वेस्ट कर सकते है।

यदि आप समय बचाना चाहते हैं तो समय खरीदना सीखें।

एक पुरानी कहावत है - 'समय ही धन है..' लेकिन अगर आप इसे उलट देते हैं तो आपको एक मूल्यवान सत्य का पता चलता है - 'धन ही समय है...' जार्ज राबर्ट गिसिंग की ये बात काफी हद तक एक सत्य को बयां करती है।

इस टॉपिक को समझने के लिए एक छोटा-सा उदाहरण देखते हैं,

यदि आपके एक घंटे का मूल्य 100 रूपये है तो इसी आधार पर आप समय खरीदने का एक अच्छा निर्णय ले सकते हैं।

आपको अपने घर का बिजली का बिल जमा करना है, जिसके लिए आने जाने से लेकर लाइन में खड़े होने तक आपको डेढ़ से दो घंटों को समय लग सकता है। अब यदि

कोई एजेंट सिर्फ 20 रूपये लेकर यह काम करने को तैयार है, तो आपको वाकई क्या करना चाहिए?

अगर आपके लिए डेढ़ घंटों का मूल्य है- 150 रूपये है, इसलिए अगर कोई वह काम सिर्फ 20 रूपये में करने को तैयार है, तो आपको ख़ुशी-ख़ुशी हाँ कर देना चाहिए, क्योंकि आपका समय इससे बहुत ही ज्यादा कीमती है।

इस तरह पैसे देकर समय खरीदना सीखें। यह सिधांत बहुत ही ज्यादा महत्वपूर्ण है और बड़ी-बड़ी कम्पनियां यही काम करती हैं, और इसका फायदा उठाती हैं।

उन्नीसवीं सदी के एक मशहूर प्रकृति-विज्ञानी लुइस अगासी को नियमित रूप से भाषण देने के लिए बुलाया जाता था। एक बार वे कोई महत्वपूर्ण काम करने में व्यस्त थे, जिसकी वजह से उनके पास भाषण देने के लिए समय नहीं था। ऐसे में उन्हें एक आयोजक के द्वारा भाषण देने के लिए जब आमंत्रित किया गया तो उन्होंने इसके लिए साफ़ इंकार कर दिया। आयोजक ने इस पर जोर देते हुए कहा कि वे भाषण के बदले पैसे भी खर्च करने को तैयार हैं। यह सुनते ही अगासी आग-बबूला हो गये और आयोजक से बोले- “पैसे का लालच मुझे दिखा नही सकता.. मैं पैसे कमाने के लिए अपना समय बर्बाद नहीं कर सकता”

आत्मनिर्भर लोगों को समय खरीदने के बड़ी ही दिक्कत आती है क्योंकि वे हर काम खुद करना चाहते हैं, कंजूस लोगों को भी इसमें समस्या आती है, वे पैसे बचाने के चक्कर में खुद ही सारा काम करना चाहते हैं, चाहे वो छोटे से छोटा काम ही क्यों न हो और भले ही इस चक्कर में उनके बड़े और ज्यादा महत्वपूर्ण काम न हो पाए।

इसका एक बड़ा ही रोचक उदाहरण आप नीचे देख सकते हैं।

क्या आपने कभी एक चीज नोटिस की है कि साड़ी की दूकान पर पुरूष मोल-भाव क्यों नहीं करते और महिलाएं घंटों तक मोलभाव क्यों करतीं हैं? वैसे तो इसके कई कारण हो सकते हैं लेकिन जो सबसे प्रमुख कारण है वह है- समय.. अमुमन पुरुषों के पास समय की ज्यादा कमी होती है जबकि महिलाएं तुलनात्मक रूप से ज्यादा फुरसत में होती हैं...

अब यदि फिर से हम समय का हिसाब लगायें तो देखते हैं हमें क्या रिजल्ट नजर आता है

यदि हमारे एक घंटे का मूल्य 100 रूपये है और यदि एक घंटे के मोलभाव में हम दुकानदार से 30रूपये कम

करवाने में कामयाब हो जाते हैं तो दरअसल फिर भी आप घाटे में रहते हैं। वास्तव में आपको 30 रूपये का फायदा नहीं हुआ, बल्कि 70 रूपये का नुकसान हुआ है।

वैसे यह सिर्फ एक उद्धारण था देखा जाये तो महिलाये भी इसी तरह अपना समय बचा सकती है।

हम सब को पहले तो अपने समय की कीमत पता होनि चाहिए अगर आपके एक घंटे की कीमत से ज्यादा का आपका फायदा है तभी आप उसमे समय दीजिये वर्ना आप कितना भी पैसे कम करवा लीजिये आखिर में आप ही नुकसान में रहेंगे, क्यों की आपने पैसे तो बचा लिए पर आप समय नहीं बचा पाए।

अध्याय 3

क्या बिना व्यापर हम अमीर बन सकते है?

◆ ◆ ◆

वैसे हर इंसान अमीर बनना चाहता है, लेकिन कौन-सा रास्ता अपनाया जाये और कैसे अमीर बना जाए यह हमारी समझ में नहीं आता है क्यों ? क्योंकि पहले से ही हमारे दिमाग को कुछ ऐसे स्थिर कर दिया है लोगो ने, कि हमें अच्छी नौकरी मिलेगी तभी लाइफ अच्छी जाएगी। सरकारी नौकरी होगी तभी जिंदगी का गुजरा होगा। ये सारी मान्यताएं हमारे दिमाग में बिठा करके रखी है। जिसकी वजह से हम कुछ नया सोच ही नहीं पाते बस एक ही चीज के पीछे लगे रहते है कि अच्छी नौकरी हमें ढुढ़नी है वैसे इसका मतलब ये नहीं है कि नौकरी करना गलत है, ग़लत है ये कि आप अपनी सोच को एक सीमा दे देते है। जिससे आप कभी भी अगले लेवल पर नहीं जा पाते.. हाँ, बस यही सोचते है कि हमारे पास बस जितना आ रहा है उतने में ही खुश रहना है, क्योंकि हमारे घर में कोई आज तक ज्यादा पैसे नहीं कमा पाया तो हम भी नहीं कमा

सकते है। ऐसा हमारे दिमाग में चलता रहता है लेकिन एक बात सोचिए कि जब तक आप बदलाव नहीं करेंगे तब तक बदलाव कैसे होगा जब तक आप सोचेंगे नहीं तब तक आप आगे कैसे बढ़ पाएंगे?

चलिए अब सीधी बात पर आते है पहले ये जान लेते है कि क्या बिना व्यापार हम अमीर बन सकते है?

वैसे देखा जाये तो बिना बिजनेस के आप अमीर तो नहीं बन सकते पर अगर आप अच्छी नौकरी कर रहे है और अच्छी आपकी सैलेरी है तो आप कुछ समय में अच्छे खासे पैसे जमा कर सकते है चलिए जानते है वो कैसे? (यहाँ पर इन्वेस्टमेंट के बारे में बात की गई है, बिजनेस के लिए अगले चेप्टर में बात करेंगे) अगर आप बिना व्यापार के करोड़पति बनना चाहते है तो इन्वेस्मेंट का ज्ञान आपको होना चाहिए कि कैसे आपको इन्वेस्ट करना है और कहां करना है। वैसे यहाँ पर मैं अपनी ओर से एक तरीका बताने वाला हूँ आप दूसरे भी तरीके अपना सकते है।

अगर आप हर महीने अपनी सैलेरी में से दैनिक जमा राशि (RD) में पैसा जमा करते है, तो कुछ सालों में करोड़पति बन सकते है। इसके लिए आपको अपना बैंक

में एक 'रेगुलर डिपाजिट' अकाउंट खुलवाना होता है और उसमे हर महीने आप पैसे डिपाजिट करते रहे।

अगर आप बिना जोख़िम के करोड़पति बनना चाहते है तो ये सबसे सरल तरीका है क्योंकि आपको इसमें ज्यादा कुछ करने की जरूरत भी नहीं होगी पर बतादूँ इसमें समय लगता है रातो-रात अमीर नहीं बन सकते।

अब यदि आपको 9% प्रतिवर्ष के हिसाब से ब्याज मिलता रहे, तो आप केवल 30 साल में करोड़पति बन जायेंगे। यह करोड़पति बनने का एक बहुत अच्छा तरीका है। अब यदि आप 30 साल से कम समय में करोड़पति बनना चाहते हैं तो आप अधिक पैसे जमा करके करोड़पति बन सकते हैं। वैसे आप इसका खुद हिसाब लगा सकते है या अपने बैंक से जानकारी लेकर कि आप कितने सालों में कितने पैसे बनाना चाहते है।

इस तरीके से करोड़पति बनने का रहस्य बैंक से मिलने वाला Compound Interest है। यदि आप अधिक समय के लिए बैंक में पैसे जमा करते हैं तो आपको अधिक Compound Interest मिलेगा और यदि आप कम समय के लिए बैंक में पैसा जमा करते हैं तो आपको कम Compound Interest मिलेगा। इसे और आसन तरीके

से समझते है इस बात को मैं एक उदाहरण के द्‌वारा आपको समझाता हूँ। यदि आप किसी बैंक में 10000 रुपया जमा करते हैं और यदि बैंक आपको 9% सालाना के हिसाब से ब्याज देता है तो एक वर्ष बाद आपके पैसे 10000 रुपये से बढ़कर 10900 रुपये हो जायेंगे। अर्थात इस साल आपको 10000 रुपये पर 9% ब्याज मिला।

अब अगले साल आपको 10900 रुपये पर 9% के हिसाब से ब्याज मिलेगा क्योंकि अब आपके खाते में 10900 रुपये हैं। इसी को चक्रवृद्‌धि ब्याज (Compound Interest) कहते हैं। इस तरह हर साल आपके जमा किये हुए पैसे और उन पर लगने वाला ब्याज लगातार बढ़ता चला जायेगा और आप करोड़पति बन जायेंगे। अब अगर आपको करोड़पति बनना है तो आप अपनी आय के हिसाब से हर महीने अपनी दैनिक जमा राशि (RD Account) में पैसे जमा कर सकते हैं। आप कितना कमा रहे है उस हिसाब से आप बचत कर सकते है।

यहाँ मैं आपको आपकी सुविधा के हिसाब से पांच लाइनों में सभी आंकड़ें समझा रहा हूँ जिससे आप पूरी विधि को आसानी से समझ जायेंगे। यदि बैंक आपको 9% प्रतिवर्ष के हिसाब से ब्याज देता है तो

1- 10 वर्ष में करोड़पति बनने के लिए आपको 51500 रुपये हर महीने बैंक में जमा करने होंगे।

2- 15 वर्ष में करोड़पति बनने के लिए आपको 26400 रुपये हर महीने बैंक में जमा करने होंगे।

3- 20 वर्ष में करोड़पति बनने के लिए आपको 15000 रुपये हर महीने बैंक में जमा करने होंगे।

4- 25 वर्ष में करोड़पति बनने के लिए आपको 9000 रुपये हर महीने बैंक में जमा करने होंगे।

5- 30 वर्ष में करोड़पति बनने के लिए आपको 5500 रुपये हर महीने बैंक में जमा करने होंगे।

हम ने ये तो जान लिया कि इससे कैसे हम अमीर बन सकते है। कैसे हमें निवेश करना है लेकिन इसके फायदे भी आपको पता होने चाहिए जिससे आपको निवेश करने में और मजा आये और आप अच्छे से काउंटिंग करके आगे बढ़ पाए..

- इस तरीके में कोई भी जोखिम नहीं है। अर्थात इसमें 0% जोखिम है क्योंकि आप अपना पैसा (Money) कहीं ऐसी-वैसी जगह न लगाकर सीधे बैंक में जमा कर रहे हैं।

• आप चाहे व्यापार करते हैं या नौकरी, आपको अपनी आय के हिसाब से धन को जमा करना है।

• आपको एक साथ या एक बार में पैसा जमा (Money deposit) नहीं करना है बल्कि प्रत्येक महीनें थोड़े-थोड़े पैसे जमा करने हैं।

• सबसे बड़ी बात आपको केवल अपनी Monthly Income में से हर महीने पैसे जमा करने है। इसके अलावा आपको करोड़पति बनने के लिए कोई और अतिरिक्त काम नहीं करना है, बाकि का काम चक्रवृद्धि ब्याज कर देगा।

करोड़पति बनने का यह तरीका बहुत ही आसान है। इस तरीके का प्रयोग कोई भी कर सकता है। फ़िलहाल ये चीज उनके लिए काफी फायदेमंद है जो बिजनेस करने से डरते है और रिस्क लेना नहीं चाहते।

ये तरीका इसीलिए इस बुक में दिया गया है ताकि आप बिना बिजनेस के भी अमीर बन पाओ और अपनी लाइफ के सपनो को पूरा कर पाओ।

क्योंकि काफी सारे ऐसे लोग है जिनकी जिंदगी में वो कमाई तो कर लेते है लेकिन सालों बीत जाने पर भी वो

पैसे नहीं बचा पाते क्योंकि वो इन चीजों के बारे में ज्यादा जानते नहीं।

वैसे देखा जाए तो ये तरीका कोई भी अपना सकता है पर यदि आप रिटायर्मेंट के बाद अच्छा जीवन जीना चाहते है तो ये तरीका जरुर अपना सकते है।

प्रकृति से सीखे

चलिए एक सीख लेते है प्रकृति में असाधारण करिश्मा से। दूर प्रदेश में एक पेड़ है जिसका नाम है "चाईनीज़ बैम्बू " का पेड़। यह पेड़ बाकी पेड़ो के मुकाबले थोड़ा अलग इसलिए है क्योकि इस पेड़ की बढत कुछ दूसरे प्रकार से होती है। जहा बाकी सारे पेड़ धीरे धीरे बढ़ते है समय के साथ, परन्तु यह पेड़ पहले ४ वर्षो तक यह ज़मीन के बहार नहीं आता परन्तु पांचवे वर्ष में कुछ अजीब होता है।

पांचवे वर्ष में लगभक केवल ५-६ सप्ताह के भीतर यह बहुत ही तेजी से बढ़ कर यह लगभग यह ९० फ़ीट की उचाई प्राप्त करता है।

धैर्य का एकदम आदर्श उदाहरण।

"चाईनीज़ बैम्बू" के पेड़ लगाने वालो को यह भरोसा है की यदि वे रोजाना पानी और खाद्द देते रहेंगे तो एक दिन जरूर आएगा जब यह पेड़ अवश्य बड़ा होगा। यही तर्क हमें पैसो को निवेश करने में भी मिलती है जो आपके धीरज का परिक्षण कर सकती है परन्तु एक दिन अवश्य आएगा जब आपको इसका इनाम मिलेगा।

तो कोई भी चीज़ जिसके होने में लम्बे समय लग सकती है तो जल्दी शुरुवात करना एक बेहतर विकल्प है।

मैं हर माता पिता से एक विनम्र विनती करता हूँ की जैसे ही उनके पुत्र या पुत्री का जन्म हो, उनके नाम पर एक छोटी राशि से निवेश अवश्य करे। या फिर हर माह उनके नाम पर थोड़ी थोड़ी निवेश करते रहे चाहे वह ५०० या १००० रुपये ही क्यों न हो। इससे आप पर ज्यादा बोझ भी नहीं होगा और आपके बच्चे जब बड़े होंगे तब उनके उच्च शिक्षा जैसे बड़ी खर्चो के लिए यह परिपूर्ण होगा। इसके अलावा यदि वे खुद का कुछ शुरू करना चाहे तो भी यह राशि उनके काम ही आएगी।

कंपाउंडिंग की शक्ति के बारे में आपको बेहतर समझ रख कर आप आने वाली लाइफ के बेहतर से बेहतर प्लान बना सकते है।

अध्याय 4

एक सफल व्यापारी कैसे बने?

♦ ♦ ♦

अचानक एक दिन रास्ते में मेरे बहुत पुराने दोस्त वरुण से मेरी मुलाकात हो गई। हम दोनों को एक- दूसरे को देखकर बहुत खुशी हुई, आखिर हम दोनों बचपन से लेकर कॉलेज तक की पढ़ाई साथ जो की थी। फिर नौकरी और बिजनेस की वजह से दोनों अलग- अलग हो गए। काफी दिनों बाद मिले थे हम दोनों इसी लिए अपना सारा काम छोड़कर आज की शाम एक- दूसरे के साथ बिताने का सोचा। पिछली पुरानी सारी बातों के बाद हम दोनों ने एक- दूसरे के आर्थिक स्थिति पर बात शुरू कर दी। बातों- बातों में मैंने उसको बताया की आज मैं क्या क्या काम करता हूँ मेरे बिजनेस के बारे में बताया कैसे मेने स्टार्ट किया और भी बहुत सी चिजे एक दुसरे से हमने शेयर की और वरुण से भी अपनी सारी बाते शेयर की वैसे वरुण अबतक असफल था। ऐसे में वरुण ने मुझे से पूछा कि 'तुम कैसे सफल हुए? आखिर कैसे तुम जो भी काम करते हो, उसमें

सफल हो जाते हो। मुझे भी बताओ क्योंकि मैं भी सफल होना चाहता हूं।'

वरुण की बात सुनकर मैंने कहा कि 'मैंने तुम से ही तो सीखा है।'

वरुण ने कहा 'मुझसे सीखा, कैसे?'

फिर मैंने कहा 'हां मैंने तुमसे ही तो सीखा है सफल होने का मंत्र'

फिर वरुण ने कहा 'मुझे कुछ समझ नहीं आ रहा, तुम मुझे साफ- साफ बताओ। तुम क्या कहना चाह रहे हो।'

मैंने कहा- 'तुम अपने जीवन में असफल कैसे हुए?'

वरुण ने अपनी बात बताते हुए कहा कि- 'पहले मेरे पास बहुत पैसे थे, तो मैंने सफल होने के लिए एक कंपनी खोली, जिसमें मैंने बहुत पैसा लगाया। फिर मैंने और पैसे लगाकर उसी साल में दूसरी कंपनी भी खोल दी। क्योंकि मैं जल्दी सफल होना चाहता था। लेकिन मैं अपनी दोनों कंपनियों में से एक को भी वक्त नहीं दे पाया और धीरे-धीरे मेरी दोनों कंपनियां घाटे की वजह से बंद हो गई। पहले ही मैंने कंपनियों में अपने सारे पैसे लगा दिये थे,

तो उसके बाद मेरे पास कुछ भी नहीं बचा। अब मैं एक असफल व्यक्ति की तरह जीवन जी रहा हूं।'

उसकी बाते सुन कर मेने कहा- 'तुम्हारे असफल होने के दो बड़े कारण हैं। एक तो तुमने बिना सोचे- समझे एक ही साल में दो कंपनियां खोल दी। दूसरा मुनाफे और घाटे के बारे में बिना सोचे तुमने सारा पैसा कंपनियों में लगा दिया। बाद में तुम्हारे पास कुछ भी नहीं बचा।'

वरुण ने कहा- 'हां ये तो है।' फिर मैंने उसे कहा - 'मैं तुम्हारे जैसे असफल लोगों को देखकर ही तो सिखता हूं। असफल लोग जो गलतियां करते हैं उनसे सीखकर मैं उसे अपने जीवन में नहीं दोहराता। लेकिन तुमने अभी तक खुद की असफलता से भी कुछ नहीं सीखा है, इसलिए अभी तक असफल हो।

उस CONVERTATION के बाद वरुण को मेरी बाते समज आई की कैसे दुसरे लोगो से सीखना चाहिए.. वैसे आपको कहू तो इस बात को २ साल बित चुके है और आज वरुण एक अच्छा सा बिजनेस चलता है वो अब सफलता का राज़ जान गया है और उससे समज में आ चूका है की मेहनत करनी है और साथ ही ऐसे लोगो के

साथ भी बात करनी है जो असफल होते है और उनसे सीखना है

एक सफल व्यक्ति से तो हम बहुत सारी चीजें सीख सकते हैं, लेकिन कई बार असफल व्यक्तियों की गलतियां भी हमें सफल होने का मंत्र दे देती हैं। अपनी गलतियों के साथ- साथ हम दूसरों की गलतियों से भी बहुत कुछ सीख सकते हैं। वहीं असफल व्यक्ति को भी अपने नसीब को दोष ना देते हुए गलतियों से सीखना चाहिए और आगे बढ़ना चाहिए। हमारे पास हेनरी फोर्ड, थॉमस अल्वा एडिसन जैसे बहुत सारे उदाहरण हैं, जिन्होंने असफल होने के बाद भी हार नहीं मानी और गलतियों से सीखते हुए एक सफल इंसान बने।

वैसे आज के समय में हर कोई अपना बिजनेस करना चाहता है, क्योंकि ये सबसे अच्छा तरीका है अमीर बनने का और बिजनेस आपको वो सारी चीजे दे सकता है जो आप नौकरी से नहीं पाते ओर ना हीं समय का आपको किसी को जवाब देना होता है और ऐसे काफी सारे फायदे है जो एक बिजनेस से होते है जो हम आगे बात करने वाले है।

अपना बिज़नेस करना, अपना कारोबार करना किसे अच्छा नहीं लगता है? कोई भी इस दुनिया में नौकरी नहीं करना चाहता है सब कोई ना कोई छोटा-बड़ा अपना काम करना चाहते है और करना भी चाहिए।

मैं तो आपको एक ही सलाह देना चाहूँगा कि आपने अपने दिल और दिमाग में कुछ भी करने की सोच रखी है मन में ठान रखी है और कुछ नया करना है तो देर मत करो अपना व्यापार शुरु कर दो। क्योंकि समय बहुत कम है और काम बहुत ज्यादा | जितना जल्दी हो सके शुरू कर दे। क्योंकि सोचने वालो को वही मिलता है जो दुसरे लोग छोड़ जाते है।

एक कहावत याद आती है कि **"अगर आप सोते हुए पैसे नहीं कमा रहे है तो आप को पूरी जिंदगी काम करते रहना होगा"** तो जरा सोचिए कि अगर आप देर करेंगे कुछ करने में तो आपके हाथ कुछ भी नहीं लगेगा।

अब बिजनेस की ही बात हो रही है तो एक बात याद रखना कि "Taking no risk is the biggest risk of life" ये काफी पुरानी कहावत है कि कोई जोखिम ना लेना ही जीवन का सबसे बड़ा जोखिम है" वैसे जो लोग छोटा सोचते है वो ही लोग छोटे लोगों के रूप में अपना जीवन

जीते है तो अगर आप लाइफ में कुछ बड़ा करना चाहते है तो अभी से शुरू कर सकते है।

अपने विषय पर आता हूँ चलिए जानते है एक सफल बिजनेस मैंन कैसे बने? जी हाँ बिजनेस स्टार्ट करना कोई ज्यादा बड़ी और मुश्किल बात नहीं है, मुश्किल तो ये है कि उससे आगे बढ़ाना सही दिशा में ले जाना जिससे आने वाले भविष्य में आपका बिजनेस और आगे और बड़ी ऊचाई पर जा सके।

पहले तो थोडा ऊपर- ऊपर से जान लेते है कि आजकल के बिजनेसमेन ज्यादातर कैसे बिजनेस करते है या कहूँ तो कुछ लोग देखा देखी में ही बिजनेस करते है जिसकी वजह से हर साल 100 में से 90 बिजनेस पहले ही 3-4 महीनें में बंद हो जाते है, लेकिन आपको ऐसा नहीं करना है थोड़ा सूज-बूज कर अपना बिजनेस करना है और अपनी पूरी ताकत लगा दे। इसीलिए यहाँ पर हम कुछ पॉइंट पर बात करेंगे जिसे आपको ध्यान में रखना है जिससे आप एक सफल बिजनेसमेन बन पाओ साथ ही आपका बिजनेस आगे चले और आप एक बेहतरीन बिजनेस कर पाओ।

आज युवाओ के लिए नौकरी पाना एक चुनोती भरा काम हो चूका है और जल्दी नौकरी न मिलने के कारण

ज्यादातर यूवा लोग बिजनेस ही करना चाहते है, वैसे लोग अपना काम ओर बिजनेश शुरू करते है, उनमे से कुछ ही सफल बिजनेसमेन बन पाते है, दरअसल, सफल बिजनेसमेन बनने के लिए कुछ खास काबिलियत होना जरुरी है जो आगे मैंने बताया है लेकिन उससे पहले में कुछ बुरी आदतों के बारे में बताना चाहूँगा जो आपको जल्द से जल्द छोडनी होगी तभी आप एक परफेक्ट बिजनेसमेन बन पाएंगे।

बुरी आदते जो आपको आज ही छोड़ देनी है..

- यदि आपको बिजनेस में सफलता चाहिए तो, तो कभी भी मदद मांगने में शर्म महसूस न करें साथ ही अपने .अंदर किसी भी तरह का अहंकार न रखें मतलब की बिजनेसमेन बनने के लिए सबसे पहले आपको आपकी शर्म दूर करनी होगी।
- माना कि बिजनेस खुद मालिक भी आप हैं लेकिन अगर आप अपने बिजनेस को आगे बढ़ाना चाहते हैं, तो आज का काम कल पर छोड़ने की आदत को छोड़ दें और जितना हो सके उतना खुद भी अपने काम को करिए आपके ऑफिस में जितने भी डिपार्टमेंट है उन सब का काम कैसे होता है वो आपको पता होना चाहिए।

- बात बात पर बुरा मानने और प्रतिक्रिया देने की-आदत को भी छोड़ दें क्योंकि इससे आपकाप्यार खराब .हो जाएगा जिससे बिजनेस पर असर पड़ सकता है और आपका गुस्सा और जल्दी से DECISION लेने के चक्कर में आप बहुत सी चिजे खो सकते है तो यह आदत भी आपको छोडनी होगी।

- ये जान लें कोई परफेक्ट नहीं होता इसलिए बार-बार खुद को परफेक्ट दिखाने और समझने की गलती न करें बस काम करते रहें और आप से अगर गलती हो जाये तो उसे एक्सेप्ट करे और उसको सुधार कर आगे बढे।

- अपने मन में किसी भी सहकर्मी को छोटा न समझे अगर कोई सहकर्मी आपके बिजनेस को लेकर कोई आइडिया देता है, तो उसकी इज्जत करें क्योंकि किसी के भी आइडिया से आपके बिजनेस की किस्मत बदल सकती .है और आपको अपने आप से भी ज्यादा आपके साथ काम करने वालो पर विश्वास रखना है।

- यदि फिजूल खर्ची की आदत है तो उसे छोड़ दें क्योंकि आपकी ये आदत आपके बिजनेस को घाटे के मुकाम तक ले जासकती है। जिससे शायद आप कभी उभर न पाए।

इन चिजो को ध्यान में रखिये और अगर इसमें से एक भी आपकी बुरी आदत है तो आपको उससे जल्द से जल्द बदलना या छोड़ना होगा।

ये तो कुछ बुरी आदतों के बारे में बात थी अब थोडा विस्तार से जानते है क्या क्या चिजे इम्पोर्टेन्ट है एक अच्छा बिजनेस करने की लिए

- **अपनी स्थिति को समझे- Understand Your Position**

अगर आप अभी कोई बिज़नेस कर रहे है या जो अभी स्टार्ट करने की सोच रहे है उनके लिए ये बिंदु बहुत ध्यान देने योग्य है क्योंकि आप बिज़नेस को शुरू तो कर लेंगे, क्योंकि आज के समय में ये कोई बड़ी बात नहीं है। लेकिन आपको अपनी स्थिति को समझना होगा ,कैसे?

अपनी वर्तमान की स्थिति को देखे कैसे काम चल रहा है, क्या खामिया है और क्या आने वाली है कैसे उन्हें हल करना है किन-किन चीजो की जरुरत पड़ेगी क्या वो मेरे पास है? अगर नहीं है तो कहां से और किससे हल करानी है। ये सब अपनी पूरी तैयारी करके रखे और ये भी देखे के बिजनेस में आप क्या-क्या अपना दाओ पर लगा रहे

है क्योंकि अगर गलती से आपका बिजनेस फेल हुआ तो आप फिर से खड़े हो सके।

मैं अपने ही एक दोस्त की बात करूं तो उसे देखा-देखी में एक बिजनेस शुरु कर दिया उसे मैंने काफी बार समझाया भी था कि तुम्हे सिर्फ वही करना चाहिए जो तुम्हे अच्छा लगता है ना की ये देखकर कि उसमे पैसे ज्यादा आ रहे है। एक बात याद रखना की पैसे जिसमे ज्यादा आ रहे है उसी से आप पैसे कमाओ ये जरुरी नहीं है आपको जो पसंद है वो आप करके उससे भी ज्यादा पैसे आप कमा सकते है।

आपको योजना (प्लानिंग) करके करना होगा कि आप अभी कौन-सी स्थिति में है? आपके पास पैसे कितने है? आप को कितने पैसो की जरूरत होगी और वो पैसे कहां से आएंगे ये सारी चीजों को जानकर ही आप आगे बढ़िए तब आपका बिजनेस चलने से कोई नहीं रोक सकता।

- **अपने बिज़नेस का सही प्रकार से चयन करे।**

Choosing the Right Kind of Business

जब आप बिज़नेस करने के बारे में सोचते है तो आप ये बात जरूर ध्यान में रखे कि जो भी काम आप करने

की सोच रहे है । उस काम की आपको 80 से 90 प्रतिशत जानकारी होनी ही चाहिए वरना बाद में आपको जब दिक्कते आयेंगी और अगर आप उन्हें हल नहीं कर पाए तो आपको बहुत दुःख होगा।

क्योंकि ज्यादातर लोग यही करते है कि उन्हें जिस चीज का ज्ञान ही नहीं वो पहले करने लग जाते है और उसी के चलते वो बिजनेस चल नहीं पाता।

इसीलिए उस बिज़नेस को करे जिसकी आपको अच्छी-खासी जानकारी हो उसके बारे में आपको सही से पता हो कब, कैसे और कहाँ किन संसाधनो की आवश्यकता होगी इन सारी चीजों की आपको जानकारी होनी चाहिए।

ये बिलकुल ना सोचे कि यार ये काम तो बहुत छोटा है मैं इस काम को नहीं करुगा, मैं इस काम को नहीं करुगा क्योंकि ये काम तो मेरे मोहल्ले वाले करते है याद रखना "कोई भी काम छोटा और बड़ा नहीं होता है किसी भी काम को आप कोई भी आकर दे सकते है ये आपके ऊपर निर्भर है **अपने ऊपर विश्वास रखे**" वैसे मुझे लोगों के विचार जानना और पढ़ना काफी पसंद है मैंने कहीं पढ़ा था कि जीवन में सफल होने के लिए ये 5 बातों को कचरे के डब्बे में दल दो।

1. लोग क्या कहेंगे
2. मुझसे नहीं होगा |
3. मेरा मुढ़ नहीं है ?
4. मेरी किस्मत ख़राब है
5. मेरे पास टाइम नहीं।

ये बाते में आपको क्यों बता रहा हूँ क्योंकि जब भी आप कुछ नया शुरु करेंगे तो सबसे पहले दिमाग में एक ही सवाल आता है, लोग क्या कहेंगे तो वो सोचना बंद करो कि लोग क्या कहेंगे? वो गाना है ना 'कुछ तो लोग कहेंगे लोगो का काम है कहना' तो बस अपना काम करते रहिए।

लोगों को उनके हल पर छोड़ दीजिये। फिर जैसे ही आगे बढ़ते है जब हारने लगते है तब लगता है मुझसे नहीं होगा। तो जरा सोचो कि जो चीज आपने शुरु की है उसे आप ही पूरा कर सकते है और कोई नहीं। तो क्यों नहीं होगा? क्यों नहीं हो सकता? अपने आप पर विश्वास रखिये आप वो सब कुछ कर सकते है जो आप सोच सकते है, फिर जैसे ही आगे बढ़ते है आपका मूड नहीं है या आपको नहीं करना तो सोचो मूड क्यों नहीं है क्यों आप

नहीं करना चाहते? क्या आपने गलत बिजनेस चुना? क्या आप ने कोई गलती की ? मूड ना होने की वजह ही यही होती है कि हम वो काम करते है जो हमें पसंद नहीं, तो अगर आपका मूड नहीं है तो आपको अपने पसंद का बिजनेस करना चाहिए। इसीलिए पहले ही मैंने कहां कि आपको सही बिजनेस को चुनना चाहिए जिससे आपके अन्दर वो कर दिखने की आग लगी रहे और किस्मत ख़राब है? ऐसा तो कभी मत सोचो क्योंकि किस्मत में वो होता है जो आप चाहेंगे कुछ लोगो का मानना होता है कि ऊपर वाले ने पहले से किस्मत लिखी है जो होगा उसके हिसाब से होगा। उसका मतलब ये नहीं कि आप किस्मत के भरोसे बैठे रहो क्या पता किस्मत में यही लिखा हो कि तुम अपने आप पर भरोसा करना, हार मत मनना, लड़ते रहना, तभी सफलता मिलेगी और टाइम नहीं है की तो बात ही नहीं आती, क्योंकि हर सफल इंसान के पास उतना ही टाइम होता है जितना आपके पास है। आप को अगर कुछ बड़ा करना है तो समय प्रबंध सीखना होगा। टाइम निकालना होगा। समय प्रबंध पर हम आगे आने वाले चेप्टर में बात करने वाले है।

- **बेहतर प्लानिंग करे Better Planning**

जब जिस चीज की जरुरत हो आपके व्यापार को, उसकी योजना आपकी **work to do list** में कम से कम 1 महीना पहले आ जानी चाहिए, ताकि आपको action लेने में decision लेने में कोई परेशानी ना आये। क्योंकि बिना योजना के सफ़र, सफ़र नहीं होता बेवकूफी होती हैं, उसमे आपका टाइम आपका पैसा दोनों जाने के चांस होते है ।

अगर आप सच में सफल बिजनेसमेन बनना चाहते है तो आपको प्लानिंग करना सीखना ही होगा तभी आप एक सफल बिजनेसमेन बन सकते है। इसके लिए आप एक काम कर सकते है पूरे महीने का प्लान एक बार में बनाये और काम की प्राथमिकता सेट करते जाए। कौन से काम को कब करना है और कितने टाइम में करना है और जो समस्याएँ आयेगी उनके हल भी साथ में लिखकर रखे। आपको ये भी लिखना है कि आप शुरु कैसे करने वाले है और आगे आपको और क्या-क्या करना है। आगे आने वाले चैप्टर में और अच्छे से जानेंगे।

- **ग्राहकों को टारगेट करे Target Customers**

जब आपकी कंपनी का प्रोडक्ट बाजार में जाने के लिए तैयार हो जाये आपकी कंपनी बाजार में सेवा देने योग्य हो जाये उसे पहले अपने ग्राहक ऑडियंस को टारगेट करे

कि कैसे ग्राहक आपको टारगेट करने है? किस तरह से अपने उत्पाद को सेल करना है।

इसके लिए आप मार्किट रिसर्च कर सकते है या किसी मार्केटिंग एक्सपर्ट से एडवाइस ले सकते है और अपनी सेवा या प्रोडक्ट को ग्राहक की जरुरत के अनुसार बदल सकते हैं। इस तरह से आपका कारोबार आगे ही बढ़ता जाएगा। ये चीजें इसीलिए जरुरी है क्योंकि आप बिना टारगेट के अपने ग्राहक को चुनेंगे तो आपका बिजनेस जल्द बंद हो जायेगा। "किसी भी व्यवसाय में मुनाफा केवल उन ग्राहकों से आता है जो दोबारा आते है." अगर आपके पास टारगेट कस्टमर नहीं है तो वो एक बार लेने के बाद फिर से नहीं आएगा वो इसीलिए क्योंकि मान लो आपको किसी भी मार्केटिंग टेक्निक से किसी को कुछ बेच भी दिया जो उसे जरूरत ही नहीं है तो वो दूसरी बार क्यों आएगा? तो बिजनेस का सबसे पहला नियम यही है कि आप वो चीज उनको बेचो जो उनकी जरूरत है या फिर वैसे ग्राहक ढूढ़ो। जिनको आपके प्रोडक्ट की जरूरत है जैसे की आप एक गंजे इंसान को कंगी नहीं बेच सकते और न हीं उसे शैम्पू बेच सकते है क्योंकि उसे वो जरूरत ही नहीं है तो वो लेकर क्या करेगा उसे समझाने में आपका टाइम

भी जायेगा और वो लेगा भी नहीं तो आपको इसी लिए अपने टारगेट कस्टमर्स को ढ़ुंढ़ना होगा तभी आपका बिजनेस आगे बढ़ सकता है।

- **अच्छा संपर्क बनाये और मार्केटिंग सेटअप सही से करे Establish Good Contacts and Set up Marketing**

जब आप अपना कारोबार करते है या कोई company चलाते है तो जाहिर सी बात है बहुत लोगों से आपको मिलना होता है दिन में कई लोगों से मुलाकात करनी होती है उसी दौरान आप अपने व्यापार के लिए अच्छे संपर्क बनाये जो आपके भविष्य में काम आए।

अपनी मार्केटिंग योजना सही से सेटअप करे जों कदम आपको लेना हो मार्केटिंग के लिए पहले उस पर अच्छे से रिसर्च कर ले और उसके बाद कदम ले।

अगर कोई भी व्यापारी ये तरीके अपनाएगा तो उसका बिज़नेस सफल होना ही होना है और उसे सफल बिजनेसमैन बनने से कोई नहीं रोक सकता है।

यहाँ पर मैंने जिस-जिस पॉइंट पर बात की वो आपको एक सफल बिजनेसमैन बना सकता है मैंने इसे इसीलिए

इतना आसान लिखा है क्योंकि बिजनेस का कोई मन्त्र या सीक्रेट नहीं होता बस आपके दिमाग में होना चाहिए कि आप जो कर रहे है वो सही से आपको करना है अपने आप पर विश्वास रखना होगा। अपने बिजनेस को कितनी ऊचाई तक लेके जाना है उसके लिए सही से प्लान बनाना होगा और आप कौन-से प्रोडक्ट को लोगों तक पंहुचाने वाले है उसे आपको समझना होगा और साथ ही आपको एक परफेक्ट मार्केटिंग सेटअप करना होगा जिससे आने वाले समय में आपको बिजनेस में जो भी परेशानी आए उसका हल आसानी से निकल पाए।

अध्याय 5

समय की कीमत को समझे और समय प्रबंधन

◆ ◆ ◆

समय प्रबंध

वैसे समय की कीमत कोई नहीं लगा सकता इस बात को जानने के लिए आपको एक कहानी बताता हूँ वैसे कहानी काल्पनिक है लेकिन यह कहानी आपकी जिंदगी बदल सकती है ये भी जान लीजिये की पैसे कमाना जितना जरुरी है उससे कही ज्यादा जरुरी आपकी जिंदगी और आपका समय भी है..

बहुत समय पहले की बात है, एक छोटे-से शहर में एक धनी व्यक्ति रहता था। उसने अपना सारा जीवन पैसा कमाने में लगा दिया था और 20 साल के भीतर ही उसने खूब सारा धन इकट्ठा कर लिया था।

उसके पास इतना पैसा था कि वह पूरे शहर को खरीद सकता था लेकिन अपने पूरे जीवन में उसने किसी की भी

मदद नहीं की। उसे अपने बैंक-बैलेंस पर बहुत ज्यादा घमंड था।

लेकिन उसने अपने पैसों को कभी भी अपनी इच्छाओं को पूरा करने के लिए उपयोग नहीं किया, यहाँ तक कि उसने अपने कपड़े और खाने पर भी ठीक से उपयोग नहीं किया। उसने अपना सारा जीवन बस पैसा कमाने में लगा दिया।

वह पैसा कमाने में इतना ज्यादा व्यस्त हो गया था कि उसे इस चीज का भी एहसास नहीं हुआ कि अब वह बूढ़ा हो गया है। अब उसका सारा जीवन बीत चुका था। उसने अपने परिवार के साथ कभी ख़ुशी का पल नहीं बिताया, कभी आनंद नहीं उठाया।

वह समय आ ही गया जब मृत्यु के देवता यमराज ने रात में उसके दरवाजे पर दस्तक दी।

यमराज ने बोला - तुम्हारा समय समाप्त हो चुका है। अब तुम्हें मेरे साथ चलना होगा।

व्यक्ति ने उत्तर दिया - लेकिन मैंने अपना जीवन अभी नहीं जिया है। मैं काम करने में व्यस्त था। मुझे अपनी संपत्ति का उपयोग करने के लिए कुछ समय चाहिए

जो मैंने कठिन परिश्रम के माध्यम से वर्षों में जमा किया है।

यमराज ने कहा - नहीं, मैं तुम्हें और अधिक समय नहीं दे सकता। यह सीमित है और लिखित समय को मैं अपनी मर्जी से बढ़ा नहीं सकता।

आदमी ने कहा - देखो, मेरे पास बहुत सारा धन है, मैं आपको अपने धन का आधा हिस्सा दूंगा, क्या आप मुझे एक वर्ष और देंगे?

यमराज ने कहा - नहीं, यह संभव नहीं है।

आदमी ने कहा - ठीक है, मैं आपको अपने धन का आधा हिस्सा दे दूँगा क्या आप मुझे कम से कम एक महीने देंगे?

यमराज ने कहा - नहीं।

आदमी ने कहा - ठीक है, मैं आपको अपनी सारी संपत्ति दूंगा, बदले में मुझे एक घंटा मिल सकता है?

यमराज ने कहा - आप अपने धन के साथ समय नहीं खरीद सकते।

आखिरकार आदमी ने कहा - मुझे कुछ मिनट दे दो, मैं एक पत्र लिखना चाहता हूं। आप इसे मेरी अंतिम इच्छा के रूप में स्वीकार कर सकते हैं।

यमराज इस बात पर सहमत हो गए।

उस आदमी ने अपने शहर के लोगों को एक पत्र लिखा। अपने पत्र में उसने लिखा -

जो भी इस पत्र को कभी भी प्राप्त करता है, वह मेरे संदेश को दूसरों तक जरूर पहुंचाए। पूरे जीवन मैंने अमीर बनने के लिए वास्तव में कड़ी मेहनत की। आज मेरे पास बहुत सारा धन है लेकिन आज मैं अपने पूरे धन से अपने जीवन का एक घंटे भी उधार नहीं ले सका।

"जिन चीजों को मनुष्य ख़र्च करता है, उनमें समय सबसे मूल्यवान है।"

इसलिए मैं सभी को यह बताना चाहता हूँ कि अपने समय और जीवन को महत्व दें। वर्तमान में जियें। कड़ी मेहनत करना अच्छी बात है लेकिन कभी भी अपनी जिंदगी को जीना न भूलें। पैसे से समय को किसी भी कीमत पर नहीं ख़रीदा जा सकता। यह आपके अतीत को

नहीं खरीद सकता है। जो समय बीत जाता है, वह कभी नहीं आएगा। समय कीमती है, इसे बर्बाद मत करो।

जीवन भगवान का दिया हुआ एक खूबसूरत उपहार है इसे पूरी तरह से जीएं। दूसरों की मदद करें।

यह मेरे लिए कम से कम एक आंख खोलने वाली कहानी है। इसलिए मैंने सोचा कि क्यों न इसे आगे बढ़ने से पहले आपको बताऊ ताकि आप सिर्फ और सिर्फ पैसे ही जरुरी है यह वहम लेकर इस किताब को ना पढ़े।

वैसे 'मार्गरेट बोनानो' की एक बात मुझे काफी पसंद है वह कहते है "अमीर बनने का मतलब है पैसा होना और बहुत अमीर बनने का मतलब है पैसे के साथ समय होना...

मतलब देखा जाये तो पैसे कमाने के लिए और बिजनेस करने के लिए आपके पास समय होना चाहिए ओर उसके लिए आपको समय प्रबंध की समझ होना बहुत ज़रूरी है। अगर आपको अमीर बनना है तो आपको पैसो के साथ-साथ समय की बचत भी आनी चाहिये। बिजनेस करना है तो भी आपको समय को कहां और कैसे खर्च करना है। उसकी समझ आनी चाहिए। तो चलिए जानते है समय प्रबंध के बारे में जिससे आप समझ कर अमीर भी बन

सकते है और अपने बिजनेस को आगे भी बढ़ा सकते है समय प्रबंध इसीलिए ज़रूरी है, ताकि आप अपने लक्ष्य को सही समय पर हासिल कर सको और सही समय पर आप अपनी ज़िन्दगी की हर खुशी को पा सको और वैसे भी हर किसी के पास 24 घंटे ही होते है कुछ लोग 24 घंटो का पूरी तरह से फायदा उठाते है तो कुछ लोग फायदा नहीं उठा पाते। जो लोग नहीं उठा पाते उनसे यही कहना चाहूँगा आज और अभी से मन में गाँठ बाँध लीजिए कि मुझे जीवन में कुछ बड़ा करना है और उसके लिए मुझे अपने टाइम को मैनेज करना सीखना होगा। क्योंकि आज अगर आप अपने समय की कद्र नहीं करोगे, तो आपकी कद्र कोई नहीं करेगा। यहाँ पर में कुछ टाइम बताने वाला हूँ जिससे आप अपने दिन की शुरुआत कर सकते है और प्लानिंग कर सकते है और मैं गारंटी देता हूँ कि इसे अपने फॉलो किया तो कुछ ही समय में आपकी जिंदगी में काफी सारे बदलाव आयेंगे।

- एक TIME TABLE बनाये

पहली सबसे ज़रूरी चीज यही है कि आपको जान लेनी चाहिए कि कौन-से काम को आप सबसे पहले करेंगे? मेरा मानना है कि आपके जो भी बड़े-बड़े काम है उसे दिन की

शुरुआत में ही करें। कुछ लोग ऐसा करते हैं जो पहले छोटे-छोटे काम कर लेता है जो उतने ज़रूरी भी नहीं थे और उसी में अपनी समय और ऊर्जा देते हैं। जो उनके ज़रूरी और बड़े काम थे वह रह जाते हैं और वह उसे दुसरे दिन पर टाल देते हैं। आप एक पूरे दिन में जो भी करते हैं उससे कहीं एक डेटा बनाते रहे हैं जिससे आप दुसरे दिन अनुमान लगा सकते है कि आपकी सबसे ज़्यादा समय कौन-सी चीज में गया जैसे कि बाहर बैठने में गप्पे लड़ाने में या वो चीज जिसमें आपने ज़्यादा समय लगा दिया था। अगर फिर भी काम करने की प्रेरणा ना मिले, तो आप उस समय में कितना कुछ कर सकते थे उसका अंदाज लगाकर खुद को प्रेरित करना है कि आपने उस समय पर कुछ किया होता, तो आपको कैसे फायदा होता है । इसी तरह लोग कहते हैं पछतावा करना बुरी बात है लेकिन आप पछतावा करके खुद को प्रोत्साहित कर सकते है कि अब से ऐसे में टाइम वेस्ट नहीं करूँगा। आप खुद को ऐसा कह रहे हैं ओर उसी से दुसरे दिन और अच्छे से आप काम कर सकते है।

- बैठकों से पहले, अपने वांछित परिणाम निर्धारित करें। बहुत से बिजनेसमैन यही गलती करते है कि जब

भी मुलाकात का समय होता है कुछ भी सोचे समझे बिना अपनी टीम के साथ मुलाकात शुरू करते है और बिना प्लानिंग के खत्म भी करते है।

वैसे इसके पीछे का सबसे अहम् कारण मैंने जानने की कोशिश की तो 10 में से 8 बिजनेसमेन का यही कहना था कि टाइम नहीं मिलता। इतना पैसा टीम को किस बात का दे रहे है सोचने और काम करने के ही ना, तो मैं क्यों अपना समय बर्बाद करूँ और बाकि के लोग ये समझते है कि वह कुछ ज़्यादा ही एक्स्ट्रा एक्सपर्ट है बिना प्लानिंग और बिना सोचे समझे अपनी टीम को कुछ भी कहेंगे और टीम करती रहेगी, लेकिन ऐसा करना बिल्कुल बेकार हैं क्योंकि जब तक आप खुद अपने व्यवसाय के लिए समय नहीं देंगे, जब तक आप खुद अपनी टीम को क्या काम करना है, वह प्लानिंग नहीं करेंगे या फिर मुलाकात में क्या समझाना हैं वह आप सोचेंगे नहीं, तब तक आप अपनी नौकरी पर वहीं बने रहेंगे तो सबसे ज़रूरी बात हैं कि जब भी आप बैठक करें या फिर कोई भी काम करने वाले हो, तब आप अपने प्लानिंग में और साथ ही ये भी लागू करें कि प्लानिंग में ऐसा होना चाहिए जो एक अच्छा रिजल्ट दे।

- कार्यो पर समय सीमा लगाय जैसा व्यवसाय हो या फिर जीवन में अपने समय पर सीमा लगानी आना ही चाहिए, क्योंकि अगर समय ज़्यादा बर्बाद करते हैं तो वह कभी भी आपको आगे नहीं आने देंगे।
- पहले तो इसी तरह काम का विश्लेषण करें कि कौन-सा काम है जो आपका ज़्यादा समय बर्बाद कर रहा है अगर वह काम इतना ज़रूरी भी नहीं है और आपके दिन का अधिक टाइम उसमे जा रहा है तो अब ज़रूरत है आपको उस काम को आखिर में करने की। आपको समझना होगा कि आप किस तरह से काम करना चाहते हैं और ये भी समझ बनानी होगी कि कौन-से काम को कितना समय देना ज़रूरी है। केवल आप एक अच्छे इंसान और साथ में एक अच्छे बिजनेसमैन बन सकता है।
- एक प्रभावी बिजनेसमैन वह होता है जो समय से पहले ही अपने काम को कर के दिखाए।
- अपने सप्ताह की योजना हर रविवार को बनाये।
- वैसे तो में काफी समय पहले से कुछ योजना बना लेता हूँ पर अगर मुझे दिनचर्या में कुछ बदलाव करने है या कुछ विज्ञापन करना है तो मेरे लिए बेस्ट टाइम सन्डे

होता है और ऐसा भी नहीं कि पूरा दिन निकल जाए, 1-2 घंटे में पूरे सप्ताह का समय सेट हो जाता है और पूरा हफ्ता काम भी अच्छे से हो पाता है, क्योंकि हर सन्डे मैं सोचता हूँ कि कौन-सा काम है और कितना ज़रूरी है उसके हिसाब से टाइम सेट कर लेता हूँ जो-जो ज़रूरी काम है उससे पहले और जो ज़रूरी नहीं है वह उसके बाद। बस एक लिस्ट बना लेता हूँ और उसे अपने टेबल पर रख देता हूँ जिससे वह मेरे सामने भी रहता है और मुझे याद करने में समय देने की ज़रूर भी नहीं पड़ती क्योंकि वह लिस्ट मेरे सामने ही रहती है।

- उसके आलावा कुछ अलग भी प्लान होते है जो ऐसे होते है। लेकिन ये थोड़ा हटके है। जिससे आप अगर चाहे तो अपने हिसाब से सेट कर सकते है जैसे कि सोमवार को थोडा कम वाले काम से शुरू कर सकते है जिससे बाकि के 5 दिन सिर्फ़ इम्पोर्टेन्ट काम करे , फिर मंगलवार और बुधवार को आप क्रिएटिव और जो भी मोस्ट इम्पर्टेन्ट काम है उसकी शुरुआत कर सकते है, बुधवार तक आपकी टीम थोडा अलग काम करेगी, तो आप उस दिन कुछ मार्केटिंग का प्लानिंग करे और शुक्रवार को फुल पॉवर के साथ बुकिंग और प्रमोशन में लगा दिया

जाए ताकि फिर सोमवार तक आपके पास बहुत सारे काम और एक अच्छे सप्ताह की शुरूआत हो।

अध्याय 6

समय का सही उपयोग सीखे

◆ ◆ ◆

समय का सही उपयोग

वैसे जब भी मुझसे कोई पूछता है कि एक नई ज़िन्दगी की शुरुआत कैसे होगी तो मेरा जवाब होता है "समय का सही उपयोग" अगर कोई पूछे पैसे कैसे कमाने है? तो "समय का सही उपयोग" बिजनेस करना है तो समय का सही उपयोग हर एक सवाल का एक ही जवाब देने में काफी अच्छा लगता है। क्योंकि आप अगर गोर करेंगे तो कहीं ना कहीं आपका समय ही कीमती होता है।

प्रत्येक व्यक्ति के जीवन में, चाहे वह विद्यार्थी हों, काम काजी व्यक्ति हो या घर पर ही रहने वाली आम गृहणी हों। समयनिष्ठता का स्थान सर्वोपरि है। समयनिष्ठता अर्थात समय का पाबंद होना। यदि आप दिया गया काम तय समय सीमा में पूरा करते हैं तो इसका अर्थ है कि आप समय के पाबंद हैं। समय के पाबंद व्यक्ति की हर स्थान पर प्रशंसा होती है। समय निष्ठ

व्यक्ति जीवन में सफल और प्रसिद्ध होते हैं। कोई व्यक्ति कितना भी ज्ञानी क्यों ना हो यदि उसे समय की कदर नहीं तो ज्ञान धरा का धरा रह जाता है।

मान लीजिए आपने परीक्षा की बहुत बढ़िया तैयारी की है लेकिन यदि समय से परीक्षा कक्ष तक नहीं पहुंचे तो ऐसी पढ़ाई का क्या तात्पर्य? आप बहुत अच्छे डॉक्टर हैं लेकिन समय से अगर हॉस्पिटल ना पहुँच सके तो मरीज की तो मौत हो जायेगी। आप बहुत बढ़िया कुक हैं लेकिन बारात के पहुँचने तक खाना नहीं बना पाये तो क्या आपके गुण की कोई कीमत होगी? अतः जीवन में आगे बढ़ने के लिए समय का पाबंद होना बहुत ही ज़रूरी है।

समय के पाबंद बनने में **आलस्य और सुस्ती** दो बड़े शत्रु हैं। अतः यदि आप समय निष्ठ बन कर एक प्रभावशाली व्यक्तित्व के धनी बनना चाहते हैं तो सबसे पहले किसी भी कार्य को करने के लिए आप योजना बनाइये। योजनाबद्ध तरीके से आलस्य और सुस्ती को पीछे छोड़ते हुए आप अनुमान लगाइए कि अमुक कार्य को पूरा करने में कितना समय लगेगा | इस अनुमानित समय पर आप कार्य करना प्रारम्भ करेंगे तो निश्चित ही समय पर पूरा कर सकेंगे।

समय की मेह्तव्ता को कहानी के माध्यम से समझते हैं|

मेरे ही एक दोस्त की कहानी बताता हूँ वह काफी मेहनती है काफी ईमानदार भी है लेकिन वह कभी-कभी इतना खो जाता है दुसरी फ़िजुल की चीजों को लेकर की उसको समय का पता ही नहीं चलता और जहा समय देना चाहिए वहा समय ही नहीं दे पाता। इंजीनियरिंग की डिग्री उसने अच्छे अंको के साथ हासिल की। बचपन से ही उसका सपना था कि पिताजी की कम्पनी में ही वह भी नौकरी करे। बहुत प्रयत्न किए लेकिन नौकरी पाने में नाकाम रहा। एक दिन पिताजी ने बताया कि कंपनी में एक व्यक्ति के लिए स्थान रिक्त हुआ है। मैनेजर से बात भी कर ली है। 10 बजे उसको इंटरव्यू के लिए बुलाया गया।

उसने इंटरव्यू की पूरी तैयारी की, लेकिन वह दस बजे नहीं पहुँच सका। 10: 30 पर वह कम्पनी पहुँचा, तो पता चला कि किसी और को उस पद के लिए चुन लिया गया है। रमेश को बहुत दुख हुआ। कुछ देर बाद वह मैनेजर से मिलने पहुँच गया। उसने गुस्से और दुख के साथ कहा पापा ने तो कहा आप मेरा इंटरव्यू लेंगे, लेकिन आपने तो

पहले ही किसी और को चुन लिया! मैनेजर साहब ने कहा, इंटरव्यू तो मैं तुम्हारा ले सकता था लेकिन तुम्हें 10 बजे का समय दिया गया था और तुम समय से नहीं पहुंच सके। जब तुम अपने समय की कीमत नहीं समझ रहे तो कल कम्पनी के समय की क्या कीमत समझोगे ? जिस कैंडिडेट को चुना गया है वह समय से पहुँच गया था और सभी अनिवार्य योग्यता रखता था तो कोई तुम्हारा इंतज़ार क्यों करेगा?

अगर जीवन में कुछ करना चाहते हो तो अपने और दूसरों के समय की कदर करना सीखो मेरे दोस्त को बहुत बड़ा सबक मिला था। कुछ मिनटों ने उसका जीवन बदल कर रख दिया था। पूरा जोश, उत्साह दुखः और तकलीफ में बदल गया था। इसलिए समय निष्ट बनिए और अंतिम समय पर होने वाली जल्दबाजी से बचे रहिए | खुशहाल जीवन जीने के लिए हर व्यक्ति को **समय की कीमत** पता होनी चाहिए|

“जो लोग **समय की कदर** करते हैं, समय उनकी कदर करता है”

अब हम काफी रूचिकर बात करेंगे और आगे आपको काफी कुछ सिखने को मिलेगा। जिससे आप और भी अच्छे से समय की कीमत को समझ पाओ।

बहुत से ऐसे लोग हैं जो अपने कार्यों को पूरा करने के लिए पूरे दिन मेहनत (Hard work) करते हैं।

उनको देखकर ऐसा लगता है कि वह समय (Time) से अपने सभी कार्य पूरे कर लेते होंगे। लेकिन जब उनसे इस बारे में पूछा जाता है तो पता चलता है कि इतने व्यस्त (Busy) रहने के बाद भी वह अपने सभी कार्य (All work) पूरे नहीं कर पाते हैं और उनके बहुत से काम अधूरे ही रहते हैं।

जब उनसे इसका कारण जानना चाहो तो केवल एक ही उत्तर मिलता है कि समय कम मिल पाता है। लेकिन सोचने वाली बात यह है कि दुनिया के प्रत्येक व्यक्ति के पास एक दिन में 24 घंटे का ही समय है लेकिन कुछ लोग पूरे दिन व्यस्त रहने के बाद भी अपने काम पूरे नहीं कर पाते हैं और कुछ लोग इसी समय में सफलता के शिखर (Top of success) पर पहुंच जाते हैं।

तो ऐसा क्या कारण है कि कुछ लोग व्यस्त रहने के बाद भी अपने काम पूरे नहीं कर पाते हैं?

वैसे मैं बताऊ, तो उतना ज़्यादा भी व्यस्त नहीं रहते हैं ये लोग और मैंने जहां तक देखा है व्यस्त रहने के 3 सबसे बड़े कारण ये होते है...

1. ऐसे लोग दिन में बहुत से ऐसे कार्य करते हैं जो ज़रूरी (Essential) नहीं है।

2. ऐसे लोग दिन में बहुत से कार्य ऐसे करते हैं जो उन्हें कोई भी लाभ (Benefit) नहीं देते हैं।

3. ऐसे लोग दिन में बहुत से कार्य ऐसे करते हैं जो उनका समय बर्बाद कर रहे हैं। वैसे अब हमारा फोकस इस पर नहीं है कि लोग कैसे टाइम बर्बाद करते है। बात यहाँ पर आती है आपकी, कि आप कैसे अपना टाइम बर्बाद करते है सच में व्यस्त रहते है या फिर बस दिखावा। वैसे ये सवाल पूछिएगा ज़रूर अपने आपसे। बाकिं आगे मैं आपको बताने ही वाला हूँ कि कैसे आप जान सकते है कि कौन-सा ऐसा काम है जो आपका टाइम वेस्ट करता है तो इस पर हम 3 स्टेप्स में बात करेंगे...

स्टेप 1.

अगले दिन के लिए एक अच्छी योजना बनाएँ:-

आपको आने वाले दिन में क्या-क्या करना है और किस समय करना है। इसकी एक अच्छी और सरल योजना (Best and Simple Plan) एक दिन पहले ही तैयार कर लेनी चाहिए।

आप रात को सोने से पहले अगले दिन का प्लान (Plan for next day) बना सकते हैं। आप अपने इस Daily life plan में सुबह उठने से लेकर रात को सोने तक की एक सुनियोजित योजना (Systematic plan) तैयार करते हैं।

इस प्लान में आप उन कार्यों को सबसे पहले करें जो सबसे ज़रूरी हों और फिर उसके बाद उन कार्यों को कीजिए जो कम ज़रूरी हैं।

शाम को घर पर रहना है तो क्या-क्या करना है और यदि घर से बाहर जाना है तो क्या-क्या करना है। इन सभी बातों को आप अपने अगले दिन या ऱोज की योजना में शामिल कर सकते हैं।

आपको यह ध्यान रखना होगा कि आप केवल बड़े कार्यों का ही नहीं बल्कि छोटे-छोटे कार्यों का भी अच्छी योजनायें बनाएँ।

यह योजना आपको एक जगह लिखनी चाहिए। इसके लिए आप एक दैनिक डायरी भी बना सकते हैं।

स्टेप 2.

अपने दैनिक योजना को सफल करने की पूरी कोशिश करें।

जब आप रात के समय अगले दिन के लिए एक सही दैनिक योजना तैयार कर लें तो अपने मन में ठान लें कि आप अपने इस दैनिक योजना को 100% सफल बनाएंगे अर्थात आप अगले दिन अपने बनाये गए प्लान के हिसाब से ही कार्य करेंगे।

आपको पूरी कोशिश करनी चाहिए कि आपके द्वारा बनाए गए दैनिक समय प्रबंधन योजना की कोई भी चीज छुट न हो।

शुरुआत में आपको अपने प्लान को फॉलो करने में कुछ समस्याएं आ सकती हैं क्योकि आपको इसकी आदत नहीं होती है। लेकिन कुछ ही दिनों में आपको प्लान के

हिसाब से चलने की आदत हो जाएगी और तब आप अपने सभी काम बिना किसी परेशानी के आसानी से और एक अच्छी योजना के साथ कर पाएंगे।

आपको अपने दैनिक योजनाकार को अनुसरण करने के लिए लोगों से कई बातों के लिए ना कहने की आदत भी डालनी होगी, क्योंकि बहुत से लोग जो आपका समय खराब करते हैं, वह अब भी यही होगा। लेकिन अब आप उन्हें ना कहने की आदत डालनी ही होगी ऐसा करने से आप अपने डेली प्लान को आसानी से पूरा कर पाएंगे।

स्टेप 3

उपयुक्त समय जानने के लिए आपको अपने दैनिक योजनाकार के रोजमर्रा का विश्लेषण करना चाहिए। जिस तरह से आप अगले दिन के लिए योजना तैयार करते हैं, उसी तरह रोज आपको यह भी देखना होगा कि आपका दैनिक योजनाकार कितना सफल हुआ। आप रात के समय, जब आप अगले दिन के लिए योजना तैयार कर रहे होते हैं, उसी समय आपको उसी दिन के योजना के परिणाम की ओर भी ध्यान देना चाहिए। इसके लिए आप रोज रात को सबसे पहले उसी दिन के अपने कार्यों को सोच कर

लिखिए कि आपने आज क्या-क्या किया और किस समय किया।

आप देखते हैं कि आपने बहुत से ऐसे कार्य किए जो ज़रूरी नहीं थे और आपका समय बर्बाद कर रहे थे। इन कार्यों की भी एक लिस्ट तैयार कर लें और मन में सोच लें कि अगले दिन आप ऐसे समय बर्बाद नहीं करेंगे।

उसी दिन के प्लान का विश्लेषण (विश्लेषण) करने के बाद आप अगले दिन की योजना तैयार कर सकते हैं।

इन दोनों कार्यों के लिए आपको रोज 15 से 20 मिनट का समय लगेगा जो इसके परिणाम को देखते हुए बहुत कम है।

आपको रोज 15 से 20 मिनट में यह सभी करना चाहिए

1. उस दिन के प्लान का विश्लेषण (Analysis of the daily planner) करना चाहिए और अगले दिन उससे भी बेहतर करने ले लिए अपने मन में सोचना चाहिए।

2. आपको उन कार्यों की एक लिस्ट बनानी चाहिए जो आपका समय खराब कर रहे हैं (Make a list of time

wasting works) और अगले दिन उन कार्यों से बचना चाहिए।

3.अगले दिन के लिए एक अच्छा और बेहतर प्लान तैयार करना (A good and better prepare plan for the next day) चाहिए जो सरल हो और आसानी से पूरा किया जा सकता हो।

Waste Time का सही Use करना सीखें

• जब रोज रात के समय आप अपनी Daily activities को देखेंगे तो आप पाएंगे कि आप बहुत से ऐसे काम कर रहे थे जो आपका Time waste कर रहे थे।

• इन कार्यों में मोबाइल फोन पर गपशप करना, बिना ज़रूरत के इंटरनेट चलना, अधिक T.V. देखना, ऑफिस में गपशप करना, खाली बैठना, फालतू की बातें सोचते रहना आदि शामिल हैं।

• अब सबसे पहले तो आप इन सभी कार्यों को करना छोड़ दें। इनको छोड़ने से आपका काफी समय बचेगा और अब आप इस बचे हुए समय (खाली समय) का उपयोग अपने दैनिक योजनाकार के जरिये कर रहे हैं।

समय प्रबंध के फ़ायदे :-

- आपको अपनी Daily time wasting activities का पता चलेगा और आप उन्हें कम या बंद कर पाएंगे।

- Daily life में जो आपका Time waste होता था, उस समय का प्रयोग आप किसी अच्छे और ज़रूरी कार्य के लिए कर सकते हैं।

- दैनिक योजना से आप अपने समय को प्रबंध कर पाएंगे। अब आपको पता होगा कि आने वाले दिन में आप क्या और किस समय करने जा रहे हैं।

- आप अपने दैनिक समय को विश्लेषण कर सकते हैं कि आपने आज पूरे दिन क्या और कब किया है।

- दैनिक योजनाकार का सबसे बड़ा फायदा यह होता है कि आप किसी भी कार्य के लिए पहले से मानसिक रूप से तैयार होते हैं। अतः सफलता मिलना लगभग तय हो जाता है।

वेसे यहाँ पर जो बाते कही गई उसका अगर आप अपनी ज़िन्दगी में उपयोग करते है तो आपकी एक नइ ज़िन्दगी की शुरुआत हो सकती है जिसमे आप हर एक चीज को अपने हिसाब से कर पाएंगे।

अध्याय 7

नौकरी या बिजनेस? क्या है जो आपको करोड़पति बना सकता है

◆ ◆ ◆

नौकरी या बिजनेस? क्या है जो आपको करोड़पति बना सकता है। पहले तो ये जानते है की **नौकरी और बिजनेस मे क्या अंतर है फिर आपको मैं कुछ प्रेक्टिकल बाते बताऊंगा जिससे आपको और आगे बढ़ने मजा आएगा..**

जीवन मे हर इंसान अपने कॅरियर को लेकर चिंतित रहता है। चाहे वो कुछ भी काम करे पर संतुष्ट नही रहता। हमेशा दिल मे रहता है की मुझे कुछ ओर करना चाहिए, मुझसे ये काम नही होगा, और इस चीज़ की सुरुवात पढाई के समय से ही होती है, और इनमे सबसे बड़ा टॉपिक बिजनेस और जॉब का ही रहता है। जिसे चुनने मे हर किसी को परेशानी होती है। तो चलिए जानते है बिजनेस और जॉब मे क्या अंतर हैं। शायद इसे पड़ने के बाद

आपको कुछ आइडिया मिल जाए.. इसे हम १३ पॉइंट से समझते है

1. अगर आप बिजनेस करते है तो अपने सपने को पूरा कर सकते है पर नौकरी से आप अपने बोस या मलिक के सपने को पूरा करेंगे, क्यूकी अपने बिजनेस मे जितना मेहनत कीजिएगा उसका बेनिफिट भी आपको ही मिलेगा। वही नौकरी मे कितनी मेहनत कर ले उसका फ़ायदा आपको नही कंपनी को होगा। हो सके आपको थोड़ा बहुत इनक्रीमेंट मिल जाए इससे ज़्यादा कुछ नही।

2. नौकरी मे आपको सुबह से शाम और वीक मे 6 दिन ऑफीस मे समय देना ही है पर बिजनेस मे ऐसा नही है आप अपने मन के मालिक है जब मन करे ऑफीस या काम पे जा सकते है।

3. नौकरी मे जबतक आपको आदेश ना मिले तब तक आप काम मे आइडिया नही लगा सकते। आदेश मिलने के बाद भी अगर आपका आइडिया सक्सेस नही हुआ और आपका आइडिया से कंपनी को नुकसान हुआ तो कंपनी आपको बाहर भी कर सकती है। पर बिजनेस मे आप इसके लिए आज़ाद है।

4. बिजनेस मे आपको हमेशा कम्पीटीशन और स्ट्रगल करते रहना है। मार्केट के अनुसार, कभी ऊपर भी रहेंगे तो कभी नीचे भी होंगे, पर नौकरी मे ऐसा नही है सिर्फ़ आपको अपना टारगेट पूरा करना है और अपना काम का टेंशन लेना है कंपनी का नही।

5. नौकरी मे हमेशा आपको अपने बोस, सीनियर, मलिक की बात सुनते रहना पड़ेगा। पर बिजनेस मे ऐसा नही है, आप अपने मालिक, बोस, खुद है।

6. बिजनेस से आप नाम, शोहरत, इज़्ज़त, पैसा, पा सकते है, पर नौकरी से सिर्फ़ एक अच्छा इम्पलोई बन सकते है।

7. नौकरी मे आप अपने क्वालिटी के अनुसार ही पैसा कमा सकते है आप जितना पढे है उसी के अनुसार आपको जॉब मिलेगा या प्रमोशन होगा, लेकिन बिजनेस मे बस आपका माइंड ही सबकुछ है। जितना ज़्यादा आपके पास आइडिया और माइंड है उतना सक्सेस करेंगे, भले ही आप पढे लिखे हो या नही। आप अपने नीचे आपसे ज़्यादा पढे लिखे बंदे को रख सकते है।

8. नौकरी पाने के लिए आपके पास झोली भर सर्टिफिकेट और टैलेंट रहना चाहिए, पर बिजनेस के लिए बस एक अच्छा आइडिया और उसमे मेहनत चाहिए।

9. नौकरी सिर्फ़ आपका कॅरियर बना सकता है आपका फॅमिली या बच्चो का फ्यूचर नही। लेकिन अगर आपका बिजनेस सक्सेस कर जाए तो आने वाले पीडी का भी कॅरियर बना रहेगा।

10. नौकरी से आप हर वो चीज नही ले सकते जो आपका दिल चाहता है ना ही अपना फॅमिली का शौंक पूरा कर सकते है पर बिजनेस मे हर ख्वाहिश पूरा कर सकते है।

11. बिज़्नेस मे हमेशा इस बात का डर रहेगा की कही फेल ना हो जाए, घाटा ना हो, डूब ना जाए, पर नौकरी मे ऐसा कुछ नही है। अगर एक बार पर्मनेंट या सरकारी नौकरी मिल जाए तो कॅरियर फिक्स्ड।

12. नौकरी मे बिना टेंशन के जीवन बीतेगा पर बिजनेस मे हमेशा कुछ ना कुछ प्राब्लम फेस करते रहना पड़ेगा।

13. बिजनेस मे हर इंसान को सक्सेस होना मुश्किल हैं। जबतक एक अच्छा आइडिया, मेहनत,पैसा नही रहेगा

आप सक्सेस नही हो सकते साथ मे जो कुछ भी आपके पास रहेगा वो भी डूब जाएगा। पर नौकरी मे ऐसा नही है, जो है वो आपका टैलेंट और नालेज है जिसे आपने पढ के हासिल किया है और नालेज कभी डूबता नही।

अब कुछ प्रेक्टिकल बात करते है जो आपकी सोच बिजनेस की और ले जाने में मदद करेगी।

अगर मैं आपको कहूँ कि आप अगर नौकरी कर रहे है तो आज ही नौकरी छोड़ दीजिये आपको कैसा लगेगा? बुरा लगेगा ना अगर मैं कहूँ कि मैं आपको एक बिजनेस अइडिया देता हूँ आप नौकरी छोड़िये कैसा रहेगा? थोडा आप सोचेंगे, राईट? लेकिन मैं आपको कहूँ कि नौकरी करते-करते कुछ ऐसा करिए कि आपका बिजनेस भी start हो जाये और आपके अलग से पैसे आने लगे और जब अच्छे खासे पैसे आने लगे तब छोड़िए नौकरी, तो ठीक रहेगा ना और ये भी एक सच बतादू कि अगर आप नौकरी ही करते रहेंगे तो आप लिमिट में रहेंगे, अगर लाइफ को अनलिमिटेड और बहुत ही अलग जीना है तो आपको नौकरी से कुछ अलग करना पड़ेगा वैसे टॉपिक पर आगे बढ़े उससे पहले में आपको एक टास्क देता हूँ...

आप अपने शहर के किसी भी पांच करोड़पति की लिस्ट बनाइये या फिर लिख लीजिये और हाँ इस टास्क को मिस मत करना तभी आप आगे की बातो को समझ पाएंगे...

अब सोचिये की क्या इस लिस्ट में कोई ऐसा है जो नौकरी कर रहा है या फिर नौकरी कर के करोड़पति बना है? वैसे मेरी लिस्ट में तो ऐसा कोई नहीं है जो नौकरी कर के अमीर बना हो।

उदाहरण के लिए एक है जो अपना खुद के मसाले बेच रहा है और उनकी काफी सारी ब्रांच है, दुसरे है जो डॉक्टर है लेकिन उनकी सूज बुज से आज उनके अस्पताल चल रहे है और तीसरे है जो अपना खुद का ई-कॉमर्स चलाते है जिसमें बड़े और छोटे से छोटा सामान वह लोगो के घर तक पहुचाते है और आखिर में एक चाचाजी है जिनका jewellery का बिजनेस है ...

वैसे ये सभी में एक बात कॉमन है, लोग उनके साथ या उनके यहाँ काम करते हैं पर ये किसी के यहाँ नौकरी नहीं करते, सभी उद्‍यमी है, व्यवसाय पर है एम्प्लोये नहीं है।

वैसे मैंने अपने काफी दोस्तों से यही सवाल पुछा कि उनके लिस्ट में जो भी करोड़पति है क्या वह नौकरी करते है तो सब की लिस्ट में जो भी लोग थे वह कहीं ना कहीं किसी ना किसी तरह से अपना बिजनेस ही चलाते है, अब ये बात और है कि अगर आप ज़्यादा ही अपने दिमाग पर जोर लगाओगें तो कुछ ऐसे लोग मिल जायेंगे जो करोड़पति होगें बिना बिजनेस के वह बाप-दादा की सम्पती से, या तो अगर ऐसे ही बने है तो उनके बाल या तो सफ़ेद हो चुके होंगे। अगर बाल सफ़ेद करा कर करोड़पति बनना है तो नौकरी बुरी नही है। तिन-चार प्रमोशन और 20-25 साल में आप करोड़पति बन ही जायेंगे। पर ऐसे बने तो बच्चों के लिए बनेंगे अपने लिए नहीं। और मजा तो अपने लिए बनने में है क्यों सही कहा ना? और अगर अपने लिए करोड़पति बनना है तो खुद बनना होगा एक उद्‌यमी।

वैसे एक बात कहना चाहूँगा, कुछ लोग ज़्यादा पैसे कमाने की इच्छा रखने वालों को उतनी रेस्पेक्ट नहीं देते है उनको लगता है ये लालची इंसान है पर मुझे लगता है कि इस महंगाई को देखकर उनके विचार में भी बदलाव आ जायेगा या फिर आ चूका होगा, कितना कमाना है?

कितना ज़्यादा कमाना है? इसकी परिभाषा बड़ी तेजी से बदल रही है। मेरी नजर में ज़्यादा पैसे कमाने की इच्छा रखना एक अच्छी बात है, बस शर्त उसे कमाने के लिए गलत काम ना किये जाएँ, पर शायद इस किताब को पढ़ने वाले लोग ऐसा कुछ ग़लत करके अमीर बनें मैं ये नहीं चाहता। पर हाँ इतना यकींन है मुझे की आप यहाँ तक अगर पढ़ चुके है तो आप जरुर अच्छा काम करेंगे और साथ ही लोगो के लिए भी अच्छा काम करेंगे। आगे बात करते है की अगर नौकरी छोडनी है तो वो कैसे छोड़े? नौकरी कैसे छोड़े? सवाल बिलकुल ठीक है। पर उससे भी बड़ा एक सवाल है, "नौकरी छोड़ी तो करेंगे क्या?" अगर आपके मन में ये दूसरा सवाल आ रहा है तो उसका मेरे पास कोई जवाब नहीं है। क्योंकि ये तो आपके अंदर से आने वाली आवाज़ है कि आप क्या करना चाहते हैं और यदि यह नहीं आ रही है तो अभी आप इस तरह के step के लिए बिलकुल तैयार नहीं हैं...पर ये बात पक्की है कि यदि आप चाहें तो समय के साथ खुद को तैयार कर सकते हैं।

लेकिन यदि आप उनमे से हैं जिनका कोई सपना है, जो कुछ बड़ा, कुछ महान, कुछ अपना करना चाहते हैं

तो आपको पहले प्रश्न के बारे में सोचना ही होगा। क्योंकि अगर आप अभी नहीं सोचेंगे तो आगे आपके लिए ये सोचना और भी मुश्किल हो सकता है भविष्य में आपकी जिम्मेदारियां बढ़ जायेंगी यानी आपकी risl लेने की क्षमता घट जायेगी। और हो सकता है केवल आपका वेतन बढ़ सकता है और आप स्वयं को समझा दे कि "चल भाई पैसा आ तो रहे हैं अभी और क्या चाहिए।

कुछ लोग सोच सकते हैं कि व्याख्यान देना आसान है पर करना बहुत मुश्किल है। बात सच है, पर ये भी सच है कि ये करना मुश्किल ज़रूर है पर असंभव नहीं है।

अगर धीरुभाई अंबानी ने पेट्रोल पंप की नौकरी नहीं छोड़ी होती तो आज रिलायंस जैसी कंपनी नहीं होती? अगर नारायण मूर्ति ने पाटनी कंप्यूटर्स की नौकरी नहीं छोड़ी होती है तो क्या आज इंफोसिस का कोई नाम होता ? अमिताभ बच्चन ने भी पहले शॉ वालेस और बाद में बर्ड एंड कंपनी, नाम की एक शिपिंग फर्म में काम किया, अगर उन्होंने भी अपने दिल की आवाज़ सुनी नहीं होती तो भला भारत को कहाँ से इतना बड़ा महानायक मिला होता?

ये बहुत बड़े-बड़े उदाहरण हैं, जिन्हें हम सब जानते हैं पर यकीन करे कि ऐसी हजारों सफलता की कहानियां हैं, जहाँ पर लोगों ने अपनी सोच को हकीकत में बदल कर दिखाया है। गांव की गलियों से निकल कर शहर की बुलंदियों को छुआ, खुद बने करोड़पति और कई लोगों को लखपति बनाया है।

पर अभी भी हमारा जो पहला सवाल था कि "नौकरी छोडें कैसे?" वो वहीँ का वहीँ बना हुआ है। कहने की बात नहीं है कि यह एक बहुत ही बड़ा कदम है, और बस यूँ ही नहीं लिया जा सकता है। यह क्रांतिकारी कदम को वही उठा सकता है जिसके मन में कुछ अपना बड़ा करने की तीव्र इच्छा हो और वह अपनी योजना को क्रियान्वित करने के लिए बहुत अधिक भावुक हो। जिनके अंदर वास्तव में कुछ कर गुजरने की दीवानगी होती है, वो इधर-उधर की बातें ज्यादा नहीं सोचते और बस लग जाते हैं अपने प्रयासों में।

पर हममें से ज्यादातर लोग (मेरे सहित) कुछ करना तो चाहते हैं, पर हमारे अंदर एक डर सा लगा होता है कि कहीं हम असफल हो गए तो जो है वह भी चला जाएगा। ये डर वाजिब भी है। इसीलिए मेरी समझ से एक बीच

का रास्ता निकालना अच्छा साबित हो सकता है, जैसे कि कोई साइड-बिजनेस शुरू कर के। ये एक पुराना अजमाया हुआ तरीका है, जो आपने अपने आस-पास देखा भी होगा। ऑफिस टाइम के बाद और छुट्टी के दिनों में लोग अपने साइड-बिजनेस को करते हैं और जब धीरे-धीरे बिजनेस ट्रैक पर आ जाता है तो अपनी नौकरी छोड़ कर पूरा समय बिजनेस में लगाते हैं।

देखिये मैं ये नहीं कहूँगा कि नौकरी छोड़ कर आप व्यवसाय कर रहे हैं लेकिन किसी ने क्या ख़ुब बात कही है।

"कोई जोखिम नहीं लेना ही जीवन का सबसे बड़ा जोखिम है ..."

और ये जोखिम आप नहीं उठा सकते हैं इसलिए अपने दिल की आवाज़ सुनिये और अपने सपनों को साकार करें।

अध्याय 8

पैसे की अहमियत समझे

◆ ◆ ◆

(यह चेप्टर सिर्फ और सिर्फ पैसो की समझ और उसकी अहमियत दिखाने के लिए किसी को नीचा दिखाना या किसी की भावना को ठेस पहुचानें के लिए नहीं हैं)

एक बात याद रखिये पैसे आपकी लाइफ में तभी आयेंगे जब आप खुद भी मेहनत करेंगे और मैं भी इस किताब के जरिये आपको यही कह सकता हूँ की आपको हम सिर्फ रास्ता दिखा सकते है चलना तो आपको ही होगा तभी आपकी जिंदगी और बेहतर बन सकती है वैसे ही पैसे कमाने का रास्ता आपको मिल जाये तो उसका मतलब ये नहीं की आपको मेहनत नहीं करनी आपको मेहनत भी करने है तभी वो पैसे और सफलता आपको मिल सकती है और जिंदगी भर टिक सकती है।

एक छोटी सी कहानी बताता हूँ मेहनत और पैसो से जुडी उसके बाद हम पैसो की अहमियत को समझेगे..

एक बार की बात है एक अमीर व्यापारी का बेटा कुछ सोचते हुए सड़क से जा रहा था सामने से एक कार आ रही थी पर उस का ध्यान कही और ही था राह चलते ने उसे अपनी और खींच कर उस की जान बचा ली उस व्यपारी के लड़के ने उस का शुक्रिया अदा किया और देखते ही देखते उन दोनों की दोस्ती गहरी होती चली गई। उस व्यपारी के लड़के ने दूसरे लड़के का दाखिला स्कूल में भी करवा दिया। वो गरीब लड़का पढने में काफी होशीयार था और वो मेहनत में मानता था और वो जनता था मेहनत करने वालो को सब कुछ कुदरत देता है जो वो चाहता है। तो वो पढने लगा और दोनों की दोस्ती को अब काफी साल हो गए थे उनकी पढ़ाई भी पूरी हो गई थी फिर एक दिन व्यापारी के लड़के ने अपने दोस्त से पूछा की अब आगे क्या करेगा उस लड़के ने जवाब दिया की “मेहनत कर के अपना घर चलाऊंगा” और तू क्या करेगा उस लड़के ने पूछा तो व्यापारी के लड़के ने जवाब दिया मुझे मेहनत करने की क्या जरूरत है मैं अपने पिता जी का काम संभालूंगा और जब मैं सब सिख जाऊंगा तब तुम्हे भी बुला लूंगा। पर उस लड़के ने मेहनत से जी नही चुराया और कही और जा के मन लगा के काम सीखा। फिर कुछ

साल बाद जब वो दोनों मिले तो व्यापारी के लड़के की हालत खस्ता थी तो उस लड़के ने उसका हाल चाल पूछा व्यापारी के लड़के ने अपनी पूरी बात बताई की उस ने काम में ध्यान नही लगाया और उस का सारा कारोबार ठप हो गया अब उस के पास घर तक नही है तब उस के दोस्त ने अपनी कहानी बताई की वो काम करने के लिए दूसरे शहर तक चला गया और खूब मेहनत कर के पैसा कमा लिया है पर वो उसकी मदद तभी करेगा जब वो खुद मेहनत करना चाहेगा।

आप को यह बात याद रखनी चाहिए की चाहे आप कितने भी धनवान क्यों ना हो अगर आप मेहनत से जी चुराते है तो धन भी आप के काम नही आएगा और अगर आप कड़ी मेहनत करते है तो जो आप ने सोच रखा है उस को आप जरूर पा लेंगे और अगर ऐसा न हो तो मंजिल मिलने तक मेहनत करते रहे। कहने का मतलब ये है की पैसा कमाना है तो मेहनत करनी जरुरी है, वरना वो कहावत तो सुनी है न पैसा तो हाथ की मैल है आज है तो कल नहीं है।

वैसे आज के समय में पैसा बहुत ही जरुरी है और ये आप रोज़ की जिंदगी में देखते ही होगे। इस दुनिया में

ऐसा कोई भी इंसान नहीं होगा जिसे पैसो की जरूरत नहीं होगी, चाहे आप कितने भी अमीर हो जाये या किसी भी लेवल पर हो आपके मन में कहीं ना कहीं पैसे ओर कमाना है। ये आस लगी ही रहती है एक सच ये भी है कि " ये एक ऐसी भूख बन चुकी है जो कभी मिटती ही नहीं" हर ख्वाहिश और हर शोंक पूरा करने के लिए कहीं ना कहीं आपको पैसो की जरूरत होती ही है। कई बार तो आपने लोगों को कहते हुए सुना होगा कि "पैसा ही सब कुछ होता है" कई बार ऐसा लगता भी है।

पैसो में बहुत शक्ति होती है। इसके द्वारा हम किसी भी चीज को खरीद सकते हैं। किसी भी अच्छे डॉक्टर, इंजीनियर की सेवाएँ ले सकते है। अच्छे से अच्छा भोजन खरीद सकते हैं।

हाँ वैसे लोग ये भी कहते है कि पैसो से खाना लिया जाता है भूख नहीं, पैसो से नींद नहीं खरीदी जा सकती, तो मैं उनको ये कहना चाहूँगा कि एक बार सारे पैसे किसी को दान कर दो फिर देखो भूख लगेगी कि नहीं, नींद आएगी की नहीं। पैसे उतने तो जरुरी ही है जितना हमें अच्छी जिंदगी चाहिए। फिर चाहे आप मानो या ना मानो ये आप की सोच पर निर्भर करता है अगर आपने आज

मान लिया कि पैसे की वैल्यू जो लोग दिखाते है वो सही है। तो आप जहां है वहीं रहोगे आपको ये समझना होगा कि पैसे की आपके लिए क्या वैल्यू है आपको पैसे की इम्पोर्टेंस को जानना होगा। नए ज़माने के साथ चलना है तो नए तरीके को अपनाना होगा।

आगे हम समझने वाले है पैसो की कितनी इम्पोर्टेंस है लेकिन आपको एक बात बता दूँ ये सिर्फ मेरा विचार है क्योंकि पहले जैसे मैंने कहा " पैसा ख़ुदा नहीं लेकिन ख़ुदा की कसम ख़ुदा से कम भी नहीं" तो आपको इसे और अच्छे से समझना होगा कि कहां पर पैसा काम आएगा और कहां पर नहीं?

धन का फॉर्म

• सोना, चांदी, बड़ा रत्न, महंगे पत्थर, हीरे

• विशाल सम्पादन जैसे जमीन, फैक्ट्री, कारखाना, उद्गम-व्यापार

• शेयर, बॉन्ड, म्यूचुअल फंड

• मुद्रा के रूप में- कागज के नोट और संकेतक (कठोर मुद्रा और सिक्के)

- ई-मुद्रा

इसे मतलब आपकी सम्पति कहो या आपकी दौलत जिसे अलग-अलग रूप में आगे आपको बताने वाला हूँ कि इम्पर्टेंस क्या है जिससे आप खुद समझ जायेंगे कि आगे लाइफ में पैसे तो होना ही चाहिए, भले ही साथ ही लेकर कुछ ना जाने वाले हों लेकिन एक अच्छी जिंदगी के लिए पैसे कमाने है यह समझ आपको आज मिलने वाला है।

धन का लाभ

- **भौतिक सुखो का भोग कर सकते हैं**

पर्याप्त मात्रा में धन होने पर सभी भौतिक सुखो का भोग किया जा सकता है जैसे अच्छा मकान लेना, अच्छे कपड़े, कारे और एक अच्छी जिंदगी दुसरो को मदद करना। किसी भी काम में आगे रहना अन्य दूसरी चीजे जो आप पैसे होने पर बेझिझक कर सकते है।

- **सम्मानित जीवन जी सकते है**

आज के समय में जिसके पास धन है वो समाज में सम्मानित जीवन जी सकता है। बच्चो को अच्छे स्कूलों में पढ़ाया जा सकता है। मरीज अपनी दवा अच्छे डॉक्टर से करवा सकते हैं। अच्छा वकील रखकर न्याय पा सकते

है और जरा आप सोचिये कि आपकी जिंदगी की 90% परेशानी हल हो सकती है अगर आपके पास एक अच्छी जिंदगी के लिये उतने पैसे हो तो। इस तरह सही मात्रा में धन होने पर व्यक्ति एक सम्मानित जीवन जी सकता है और एक अच्छी जिंदगी जी सकता है।

- **पौष्टिक भोजन खरीद सकते है**

धन होने पर दूध, दही, फल, मेवे , मांसाहार, अंडे, हरी सब्जियाँ जैसा अच्छा पौष्टिक भोजन ले सकते है। जबकि देश का गरीब, मजदूर वर्ग पौष्टिक भोजन न मिलने से कुपोषण, और दूसरी बीमारियों का शिकार हो रहा है। धन होने पर व्यक्ति अच्छी सेहत पा सकता है। और साथ ही आप दुसरो से अलग जिंदगी दे सकते है और आपमें अगर दया भावना है तो आप दुसरे लोगों की मदद कर सकते है जिससे आप भी अच्छा खाना खाओ और दुसरो को भी बेहतर खाना मिल सके।

- **सुविधा का साधन**

आजकल धन होने पर हर तरह का सुख प्राप्त किया जा सकता है। जैसे अच्छा भोजन, अच्छे कपड़े, मोबाइल फोन, टीवी, फ्रिज, ओवन, बंगला, मोटर कार आदि।

जबकि गरीब लोग धन न होने के कारण विभिन्न परेशानियों से जूझते रहते है। और पूरी जिंदगी उनकी गरीबी में ही निकल जाती है इसीलिए आपको धन कमाने पर ध्यान देना होगा।

'बिल गेट्स' एक बात मुझे काफी पसंद है वो कहते है "यदि आप गरीब जन्मे है तो यह आपकी गलती नहीं है लेकिन यदि आप गरीब मरते है तो यह आपकी गलती है।"

दुसरे लोग बसों, ट्रेनों में जनरल डिब्बे में धक्के खाने को मजबूर है। मलिन बस्तियों में रहने को मजबूर है जहाँ वो अनेक रोगों से ग्रस्त हो जाते हैं। एक अमीर व्यक्ति उच्च श्रेणी का टिकट लेकर आराम से यात्रा कर सकता है।

- **अपनी सुरक्षा की जा सकती है**

आजकल पर्याप्त मात्रा में धन होने पर अच्छा घर बनाया जा सकता है। गार्ड्स को रख सकते है जो 24 घंटे आपकी सुरक्षा करेंगे। ये दिखावे के लिए नहीं है लेकिन अगर आप एक अच्छी और अलग जिंदगी चाहते है तो आप भी सुरक्षा ले सकते है।

- **कर्ज चुका सकते है**

इसके द्वारा अपना कर्ज चुकाया जा सकता है। अगर आप अपनी जिंदगी पहले से बेहतर जीना चाहते हैं और पूरी जिंदगी बिना तनाओं के जीना चाहते हैं तो आपको आपना जीतना भी क़र्ज़ है वो चूका देना होगा।

वैसे हमने ये तो जान लिया की पैसे होने की कितनी फायदे है लेकिन ऐसा नहीं है की पैसे होने पर सिर्फ फायदा ही होगा इसके कुछ नुकसान भी हैं, जानिए वो क्या है ..

अपराध का कारण

आजकल सभी लोग अधिक से अधिक धन संग्रह करना और कमाना चाहते है। लोग इसे नैतिक व अनैतिक तरीके से प्राप्त करना चाहते है। आजकल धन पाने के लिए आए दिन बैंक लूटे जाते है। चोरी, हत्या और लूटपाट की जाती है। जिसमे अपराधी हिंसा का सहारा लेते है और कई लोगों की जान चली जाती है। साथ ही कुछ ऐसे भी लोग है जो पैसो के लालच में गरीब लोगों को लुट लेते है छोटी मोटी स्कीम्स निकाल कर और इसकी वजह से काफी सारे लोगो के जीवन में मुश्किल आ पड़ती है इसलिए धन अपराध का कारण भी है।

भ्रष्टाचार का कारण

आजकल धन पाने के चक्कर में सरकारी अधिकारी अपने कर्तव्य का सही तरह से पालन नही करते है। अब देश में भ्रष्टाचार हर सरकारी दफ्तर में व्याप्त हो चुका है। सरकारी अधिकारी, बाबू और कर्मचारी धन पाने के लिए योजनाओं में भारी लूट करते है। सड़कों, पुलों, रेलमार्गों, अस्पताल, दवाओं आदि के लिए आये सरकारी धन में घोटाला करते है जिससे कोई भी काम सही तरह से नही हो पाता है। साथ ही भ्रष्टाचार इतना ज्यादा बढ़ चूका है कि अगर आप आज किसी सरकारी दफ्तर में जायेंगे, तो वो आपसे बिना पैसे लिए कुछ काम भी नहीं करते। वैसे ये कड़वा है पर सच है कि सरकारी काम करने वाले लोग पैसो के लालच में आज भ्रष्टाचारी होते जा रहे है...

गरीबो का शोषण होता है

धन पाने के लिए आज गरीब मजदूरों से फैक्ट्री में अधिक से अधिक काम लिया जाता है और कम से कम वेतन दिया जाता है। पूंजीपति गरीब मजदूर वर्ग का शोषण कर रहे हैं और अमीर बनते जा रहे है। जबकि कमजोर वर्ग मुश्किल से अपनी जरूरत पूरा कर पा रहा है। और

जिन लोगो के पास ज्यादा पैसे है वो गरीब लोगो को दबाते जा रहे है गरीबो पर कुछ ज्यादा ही वो काम करवा लेते है। जिससे वो और ज्यादा अमीर बन रहे है। पैसो की लालच ने इंसान को इतना अँधा कर रखा है की वो किसी दुसरे का दुःख दर्द जाने बिना ही उस पर ज़ुल्म ढ़ाने लगा है।

सामाजिक बुराइयों का जन्मदाता

आज के समय में धन की वजह से अनेक सामाजिक बुराइयां जन्म ले चुकी है। दहेज प्रथा चलन में है। आज एक बाप को अपनी बेटी की शादी करने के लिए मोटी रकम दहेज़ में देनी पडती है। बिना दहेज़ के कोई भी योग्य लड़का शादी को तैयार नही होता है। इसके अलावा धन को पाने के लिए लोग बुरे रास्ते अपना रहे है। जैसे - सिगरेट, शराब, ड्रग्स, मारिजुआना (गांजा) और दूसरे नशीले पदार्थो की बिक्री की जा रही है जिससे देश की युवा पीढ़ी बर्बाद हो रही है।

खाद्द पदार्थ बनाने वाली कम्पनियां अपने उत्पाद में मिलावट कर रही है जिससे अधिक से अधिक धन पैदा कर सके। एक जज धन पाकर एक अपराधी को निर्दोष सिद्ध कर देता है। धन पाने के लिए डॉक्टर मरीजों का

अधिक से अधिक शोषण करने लगे है। महंगी से महंगी दवाईयां लिख रहे है जिससे अधिक से अधिक मुनाफा कमा सके।

समाज में वेश्यावृति, रिश्वतखोरी, हत्याये, मानव-तस्करी, नक्सलवाद, आतंकवाद, जैसी सामाजिक बुराईयाँ पैदा हो गयी है। इसके आलावा आप खुद सोचिये की हमारे समाज में पैसो की लालच की वजह से कितने गलत काम हो रहे है।

कलह का कारण

जिस घर में धन की कमी होती है वहां आये दिन लड़ाई झगड़ा और कलह चलती रहती है। पति-पत्नी में रोज झगड़ा होता है। धन न कमाने की दशा में माँ- बाप, भाई बहन कोई इज्जत नही करता है। पड़ोसी और रिश्तेदार व्यक्ति को हेय दृष्टी से देखते है। उससे कतराने लगते है यह सोचकर कि कही वो व्यक्ति उससे धन न मांग ले। गरीब व्यक्ति से कोई दोस्ती नही करना चाहता। ऐसे और भी कारण है जिससे कलह हो रहा है।

हमें क्या करना चाहिए ?

पहले तो ये जान लीजिये पैसो की सीमा क्या है?

- यह किसी मृत व्यक्ति को जीवित नही कर सकता।
- इससे परोक्ष रूप से खुशियाँ खरीदी जा सकती है, पर प्रत्यक्ष रूप से नही।
- यह लेने देन का एक साधन मात्र है।

तो इतना याद रखिये पैसा सब कुछ नहीं है। अगर आप चाहते है कि हमारे समाज से भ्रष्टाचारी खत्म हो। लोग ओर बेहतर जीवन जिए और हर एक इंसान को अच्छी जिंदगी मिले। तो आपको समाज में जो चल रहा है उसे मिटाने के लिए कदम उठाने होंगे। अब आप सोचेंगे में अकेला क्या कर सकता है? लेकिन मैं यही कहूँगा, सिर्फ आप ही है जो इसे बदल सकते है। आप कुछ नया कर सकते है लोगो के लिए आप पहले खुद आगे बढ़ कर लोगो की मदद कर सकते है। ये जो सरकारी कामों में भ्रष्टाचार चल रहा है उसे मिटाने के लिए आप खुद खड़े हो, आप खुद कहेंगे कि मैं किसी भी चीज के फालतू में पैसे नहीं दूंगा। तब ये खत्म होगा। एक आम इंसान चाहे तो सब कुछ कर सकता है, चाहे तो ये दुनिया बदल सकता है और आप खुद सोचिये की अगर आप भी मेहनत करेंगे। एक आमिर इंसान बनेंगे, इज्जत के पैसो को कमा कर तो आपके पास खुद का पॉवर होगा। जिसे आप अच्छे

कामो में लगा सकते है। पैसे की इम्पोर्टेंस को आपको समझना होगा। आपको ये समझना होगा कि पैसे जरुरी है लेकिन इतने भी नहीं कि उसके लिए आपको बुरे काम करने पड़े आपके पास बहुत सारे रास्ते है जरा सोचिये कितने तरीके है जो आप निकालेंगे। और एक बात याद रखिये कि अगर आप बदलेंगे, तो आपके घर के लोग बदलेंगे और घर बदलेगा तो मोहल्ला बदलेंगा और मोहल्ले से पूरा गावँ या शहर और उससे पूरा देश बदलेगा। तो अपने आपसे शुरु करिए दुसरे लोग अपने आप समझ जायेंगे कि पैसों की जरूरत और इम्पोर्टेंस क्या है।

अध्याय 9

खुद की पहचान

◆ ◆ ◆

इन्सान कैसा भी हो कोई भी हो... हमेशा अपने व्यव्हार से पहचाना जाता है चाहे वह अच्छा हो या फिर बुरा लेकिन वह अपनी Identity के जरिये अधिक जाना जाता है और ये पहचान बनाना आपके खुद के ऊपर होता है।

अगर आप अपनी पहचान खास और सबसे अलग बनाना चाहते हैं तो आपको हमेशा ऐसी आदतें रखनी होंगी जो दूसरों से अलग हों, आपको हर काम को दूसरों से अलग तरीके से करना आना चाहिए।

क्योंकि भेड़ चाल में तो हर कोई चल लेता है, लेकिन पहचाना वही जाता है जो अलग राह पकड़ता है और इसलिए आपको अपनी आदतें दूसरों से अलग करनी होंगी आपको इस बात से कोई मतलब नहीं होना चाहिए कि यार वो क्या कहेगा, कहीं मुझे लोग पागल तो नहीं कहेंगे।

आपको 'लोग क्या कहेंगे' से कोई मतलब नहीं रखना होगा और सिर्फ अपने लक्ष्य पर ध्यान लगाना होगा अगर आप सच में अपनी अलग पहचान बनाना चाहते हैं तो सबसे पहले आप जो काम करें उसको सही तरीके और जिम्मेदारी के साथ करें।

- अगर आप उस काम को करने में दिखावा करेंगे तो आपका कभी भी उस काम में दिल नहीं लगेगा और उस काम को कभी भी पूरा नहीं कर पाएंगे इसलिए जो करें दिल से करें और सही ढंग से करें अगर आप अपने काम को सच्ची लगन और मेहनत से करेंगे तभी आप अपनी पहचान बनाने में सफल होंगे।

- कुछ इस तरह से आप अपना व्यव्हार में चेंज लाने की कोशिश करे... आपका रहन-सहन कैसा है, आपके कपड़े पहनने का तरीका कैसा है, खुद को कितना साफ रखते हैं, क्योंकि सफाई सबसे ज्यादा माईने रखती है।

- आप अपनी तरफ लोगों को आकर्षित करने में कितने सही साबित होते हैं हर किसी का अलग स्टाइल होता है आपकी बातें करने की तहजीब कैसी है, आपकी शारीरिक भाषा आपके चेहरे के भाव कैसे हैं यही बातें होती

हैं जो आपकी पहचान और आपको सबसे अलग बनती हैं आपकी सोच हमेशा अच्छी और बड़ी होनी चाहिए।

• अपना स्वाभिमान हमेशा आपको ही संभालना है हो सकता है कि आप अपने रिश्तेदारों या फिर पड़ोसियों के यहां हों, तो ये आपके ऊपर है कि आपने अपना रुत्बा उनके सामने कैसा बनाया हुआ है हमेशा अपने अंदर आत्मविश्वास बनाए रखे सकारात्मक सोच अपने लक्ष्य को पहचानें, हमेशा आगे बढ़ें और सभी की मदद के लिए आगे रहें यही चीजें आपको सबसे अलग और आपकी पहचान बनाने में मदद करती हैं।

• आप देखेंगे कि अगर किसी सलेबिर्टी की अलग पहचान है तो वो उसकी मेहनत और लगन का नतीजा है। उसने अपने सभी कामों को समय पर और पूरी सिद्दत से किया कभी भी उसने कामचोरी नहीं की और लोगों से अच्छे रिश्ते बनाकर रखे।

• आप भी खुद को साबित करें और इन चीजों का पालन करें आप जिस व्यक्ति की तरह बनना चाहते हैं उनके बारे में पढ़ें, जानकारी हासिल करें इससे आपका विश्वास बढेगा और कुछ करने की हिम्मत मिलेगी।

- पहचान बनाना आपके अपने मोहल्ले, स्कूल फिर कॉलेज से शुरू होती है। इसके बाद आप जैसे-जैसे बड़ा मुकाम हासिल करते हैं, वैसे-वैसे आपकी पहचान भी बढ़ती जाती है इसलिए जरूरी है कि आपका नाम भी स्कूल, कॉलेज या फिर मोहल्ले में अच्छा हो। तभी जाकर आप बड़े स्तर पर पहचाने जाएंगे।

वैसे हमारी जिंदगी में बहुत सी चिजे जरुरी है लेकिन अपनी खुद की पहचान बनाना भी बहुत ही जरुरी है और साथ ही देखा जाये तो पैसे कमाना कोई बड़ी बात नहीं है और बिजनेस करना भी बड़ी बात नहीं है बस उसके रास्ते को खोजना सबसे बड़ी बात है कि पैसे हम कैसे कमा सकते है और कैसे बिजनेस कर सकते है?

वैसे सबसे ज़रूरी है कि आप खुद को पहचानो खुद की कीमत को जानो, अगर आप गरीब है तो ये आपकी गलती है अगर आपके पास पैसे नहीं है तो ये भी आपकी गलती है, अगर आप कुछ बड़ा नहीं कर सकते तो ये आपकी गलती है और अगर आप आगे नहीं बढ़ पा रहे है तो ये आपकी गलती है पहले तो इस सारी सच्चाई को स्वीकार लीजिये, तभी आप एक अलग इंसान बन पाएंगे। एक कहानी याद आती है जो काफी समय पहले मैंने सुनी थी।

शहर के रेलवे स्टेशन पर एक भिखारी रहता था। वह वहाँ आने जाने वाली रेलगाड़ियों में बैठे यात्रियों से भीख मांग कर अपना पेट भरता था। एक दिन जब वह भीख मांग रहा था तो सूट बूट पहने एक लम्बा-सा व्यक्ति उसे दिखा। उसने सोचा कि यह व्यक्ति बहुत अमीर लगता है, इससे भीख मांगने पर यह मुझे ज़रूर अच्छे पैसे देगा। वह उस लम्बे व्यक्ति से भीख मांगने लगा। लम्बा व्यक्ति बोला, "जब किसी को कुछ दे नहीं सकते तो तुम्हें मांगने का भी कोई हक़ नहीं है। मैं एक व्यापारी हूँ और लेन-देन में ही **विश्वास** करता हूँ। अगर तुम्हारे पास मुझे कुछ देने को हो तभी मैं तुम्हे बदले में कुछ दे सकता हूँ।"

तभी वह स्टेशन आ गया जहाँ पर उस लंबे व्यक्ति को उतरना था। वह ट्रेन से उतरा और चला गया।

इधर भिखारी उसकी कहीं गई बात के बारे में सोचने लगा। उस लंबे व्यक्ति के द्वारा कही गयी बात उस भिखारी के दिल में उतर गई। वह सोचने लगा कि शायद मुझे भीख में अधिक पैसा इसीलिए नहीं मिलता क्योकि मैं उसके बदले में किसी को कुछ दे नहीं पाता हूँ। लेकिन मैं तो भिखारी हूँ, किसी को कुछ देने लायक भी नहीं

हूँ। लेकिन कब तक मैं लोगों को बिना कुछ दिए केवल मांगता ही रहूँगा।

बहुत सोचने के बाद उस भिखारी ने निर्णय लिया कि जो भी व्यक्ति उसे भीख देगा तो उसके बदले मे वह भी उस व्यक्ति को कुछ जरूर देगा। लेकिन अब उसके दिमाग में यह प्रश्न चल रहा था कि वह खुद भिखारी है तो भीख के बदले में वह दूसरों को क्या दे सकता है? इस बात को सोचते हुए दो दिन हो गए लेकिन उसे अपने प्रश्न का कोई उत्तर नहीं मिला था।

तीसरे दिन जब वह स्टेशन के पास बैठा हुआ था तभी उसकी नजर कुछ फूलों पर पड़ी जो स्टेशन के आस-पास के पौधों पर खिल रहे थे। उसने सोचा, क्यों न मैं लोगों को भीख के बदले कुछ फूल दे दिया करूँ। उसको अपना यह विचार अच्छा लगा और उसने वहां से कुछ फूल तोड़ लिए।

अब वह ट्रेन में भीख मांगने पहुंचा। अब जब भी कोई उसे भीख देता तो उसके बदले में वह भीख देने वाले को कुछ फूल दे देता। उन फूलों को लोग खुश होकर अपने पास रख लेते थे। अब भिखारी रोज फूल तोड़ता और भीख के बदले में उन फूलों को लोगों में बांट देता था।

कुछ ही दिनों में उसने महसूस किया कि अब उसे बहुत अधिक लोग भीख देने लगे हैं। वह स्टेशन के पास के सभी फूलों को तोड़ लाता था। जब तक उसके पास फूल रहते थे तब तक उसे बहुत से लोग भीख देते थे। लेकिन जब फूल बांटते-बांटते ख़त्म हो जाते तो उसे भीख भी नहीं मिलती थी। अब रोज ऐसा ही चलता रहा।

एक दिन जब वह भीख मांग रहा था तो उसने देखा कि वही लम्बा व्यक्ति ट्रेन में बैठा है जिसकी वजह से उसे भीख के बदले फूल देने की प्रेरणा मिली थी।

वह तुरंत उस व्यक्ति के पास पहुंच गया और भीख मांगते हुए बोला, "आज मेरे पास आपको देने के लिए कुछ फूल हैं, आप मुझे भीख दीजिये तो बदले में मैं आपको कुछ फूल दूंगा।"

उस लम्बे व्यक्ति ने उसे भीख के रूप में कुछ पैसे दिए और भिखारी ने कुछ फूल उसे दे दिए। उस लम्बे व्यक्ति को यह बात बहुत पसंद आयी।

वह बोला, "वाह क्या बात है! आज तुम भी मेरी तरह एक व्यापारी बन गए हो।" इतना कहकर फूल लेकर वह लंबा व्यक्ति अपने स्टेशन पर उतर गया।

लेकिन उस लम्बे व्यक्ति द्वारा कही गई बात एक बार फिर से उस भिखारी के दिल में उतर गई। वह बार-बार उस लंबे व्यक्ति के द्वारा कही गई लाइन के बारे में सोचने लगा और बहुत खुश होने लगा। उसकी आँखे अब चमकने लगीं। उसे लगने लगा कि अब उसके हाथ सफलता की वह चाबी लग गई है जिसके द्वारा वह अपने जीवन को बदल सकता है।

वह तुरंत ट्रेन से नीचे उतरा और उत्साहित होकर बहुत तेज आवाज में ऊपर आसमान की तरफ देखकर बोला, " मैं भिखारी नहीं हूँ...। मैं तो एक व्यापारी हूँ...मैं भी उस लम्बे व्यक्ति जैसा बन सकता हूँ... मैं भी अमीर बन सकता हूँ...।

लोगों ने उसे देखा तो सोचा कि शायद यह भिखारी पागल हो गया है और अगले दिन से वह भिखारी उस स्टेशन पर फिर कभी नहीं दिखा।

लेकिन 6 महीने बाद इसी स्टेशन पर दो व्यक्ति सूट बूट पहने हुए यात्रा कर रहे थे। दोनों ने एक दूसरे को देखा तो उनमे से एक ने दूसरे से हाथ मिलाया और कहा, "क्या आपने मुझे पहचाना?"

दूसरा व्यक्ति बोला, "नहीं! क्योकि मेरे हिसाब से हम लोग पहली बार मिल रहे हैं।"

पहला व्यक्ति बोला, "नहीं! आप याद कीजिए, हम पहली बार नहीं बल्कि तीसरी बार मिल रहे हैं।"दूसरा व्यक्ति बोला, “मुझे याद नहीं, वैसे हम पहले दो बार कब मिले थे?”

अब पहला व्यक्ति मुस्कुराया और बोला, “हम पहले भी दो बार इसी ट्रेन में मिले थे। मैं वही भिखारी हूँ जिसको आपने पहली मुलाकात में बताया कि मुझे जीवन में क्या करना चाहिए। और दूसरी मुलाकात में बताया कि मैं वास्तव में कौन हूँ।”

दूसरा व्यक्ति मुस्कुराया और अचंभित होते हुए बोला, “ओह! याद आया। तुम वही भिखारी हो जिसे मैंने एक बार भीख देने से मना कर दिया था और दूसरी बार मैंने तुमसे कुछ फूल खरीदे थे लेकिन आज तुम यह सूट बूट में कहाँ जा रहे हो और आजकल क्या कर रहे हो।”

तब पहला व्यक्ति बोला, “हाँ! मैं वही भिखारी हूँ। लेकिन आज मैं फूलों का एक बहुत बड़ा व्यापारी हूँ और इसी व्यापार के काम से ही दूसरे शहर जा रहा हूँ।”

कुछ देर रुकने के बाद वह फिर बोला, "आपने मुझे पहली मुलाक़ात में प्रकृति का वह नियम (law of nature) बताया था जिसके अनुसार हमें तभी कुछ मिलता है, जब हम कुछ देते हैं। लेन देन का यह नियम वास्तव में काम करता है। मैंने यह बहुत अच्छी तरह महसूस किया है।

लेकिन मैं खुद को हमेशा भिखारी ही समझता रहा, इससे ऊपर उठकर मैंने कभी सोचा ही नहीं और जब आपसे मेरी दूसरी मुलाकात हुई तब आपने मुझे बताया कि मैं एक व्यापारी बन चुका हूँ। अब मैं समझ चुका था कि मैं वास्तव में एक भिखारी नहीं बल्कि व्यापारी बन चुका हूँ।

मैंने समझ लिया था कि लोग मुझे इतनी भीख क्यों दे रहे हैं क्योकि वह मुझे भीख नहीं दे रहे थे बल्कि उन फूलों का मूल्य चुका रहे थे। सभी लोग मेरे फूल खरीद रहे थे क्योकि इससे सस्ते फूल उन्हें कहाँ मिलते।

मैं लोगों की नजरों में एक छोटा व्यापारी था लेकिन मैं अपनी नजरों में एक भिखारी ही था। आपके बताने पर मुझे समझ आ गया कि मैं एक छोटा व्यापारी हूँ। मैंने ट्रेन में फूल बांटने से जो पैसे इकट्ठे किये थे, उनसे बहुत से फूल खरीदे और फूलों का व्यापारी बन गया। यहाँ

के लोगों को फूल बहुत पसंद हैं और उनकी इसी पसंद ने मुझे आज फूलों का एक बहुत बड़ा व्यापारी बना दिया।"

दोनों व्यापारी अब खुश थे और स्टेशन आने पर साथ उतरे और अपने-अपने व्यापार की बात करते हुए आगे बढ़ गए।

कहानी से बहुत कुछ सीखने को मिलता है। कहानी में लेंन देंन के नियम को बहुत अच्छी तरह बताया गया हैं, दुनिया के सभी बड़े व्यापारी इसी तरह के नियम का उपयोग करके बड़े बन पाए हैं।

इस फॉर्मूले को उन्होंने भिखारी को भी बताया। भिखारी ने इस प्राकृतिक नियम को अपना लिया और इसका असर उसकी जिंदगी में साफ दिखाई भी देने लगा। वह जानता था कि उसे क्या करना चाहिए।

लेकिन अपनी छोटी सोच (संकीर्ण सोच) के कारण वह खुद को भिखारी मानते हुए, वह स्वयं को ही नहीं पहचान पाया, वह आपने आत्म सम्मान को नहीं जगा पाया, जिसकी वजह से वह अपनी सोच भी नहीं बदल पाया।

हम अगर अपनी सोच बदल देते हैं तो कुछ भी हासिल किया जा सकता है। यदि हम खुद को छोटा समझते रहेंगे

तो हम हमेशा छोटे ही बने रहेंगे। बड़ा बनने से हमारे लिए अपने विचारों को बदलना होगा। हमें खुद के बारे में बड़ा सोचना होगा तभी हम बड़े बनेंगे।

कहानी में भी भिखारी खुद को भिखारी ही समझता रहा और भिखारी ही बना रहा। लेकिन जब उसे पता चला कि वह तो एक चरित्र है तो उसने अपना विचार बदल दिया। अपने बारे में विचार बदलने से उसका जीवन भी बदल गया।

उस लम्बे व्यक्ति ने तब केवल उसका आत्म सम्मान जगा दिया था और वह उसी कारण आज भिखारी से एक बहुत बड़ा व्यापारी बन गया था। उस लम्बे व्यक्ति की बातों से उस भिखारी के जीवन में बहुत बड़े बदलाव आए। वास्तव में उस भिखारी का आत्म सम्मान जाग गया था। आत्म सम्मान और कुछ नहीं बल्कि हमारी खुद के बारे में सोच होती है। "सेल्फ रेस्पेक्ट जो हमें अमिर और गरीब बनाती है, जो हमें अच्छा और बुरा बनाती है, हमें काबिल बनाती है। सेल्फ्त रेस्पेक्ट ही है जो हमें पैसो की समझ और हमारी खुद की कीमत समझाती है"

आपकी सोच क्या है ?

सोचिये आप अभी क्या है? आप किस हाल में है? ये सोचिये की अभी आप जो भी है क्या वो सही जगह है आपके वजूद की? या फिर आप और बेहतर कर सकते है या फिर आप सिर्फ और सिर्फ यहीं तक आगे बढ़ सकते है। सोचिये एक बार बस एक सोच आज अभी और इसी वक्त आपकी जिंदगी को एक अलग मोड़ पर ले जाएगी। एक नई जिंदगी अगर आप चाहते है तो आपको सोचना होगा कि आपकी वजूद क्या है आप कहां पर खुद को देखना चाहते है और आपको जिंदगी में आपको क्या बनना है सोचिये !

"गरीब वो नहीं जिनके पास धन दौलत नहीं है गरीब तो वो है जो अपने आप को गरीब ही समझ लेता है"

अध्याय 10

खुद को बेहतर बनाओ एक लीडर की तरह

◆ ◆ ◆

“कह दो ज़माने से अब ये कदम मंजिल पर ही रुकेंगे, बहुत सहा अब और नही सहेंगे अब दुनिया में आए है तो सिर्फ युहीं लोट कर ना जायेंगे। जायेंगे तो हम इतिहास में अमर हो कर ही जायेंगे...

मेरी सबसे चहिती लाइन यही है जिससे मैं रोज़ ख़ुद को प्रेरित करता हूँ ज़माने से कह दो मुझे कोई फर्क नही पड़ता की जमाना क्या कह रहा है और क्या कहेगा क्योंकी जमाना तो वक्त के साथ बदलता रहता है आज हम अगर कुछ नया कर रहे है तो सारा जमाना हमपर हसेगा। जैसे की न्यूटन, थामस अल्वा एडिसन और अनेक वैज्ञानिकों के ऊपर हँसा था और जिस प्रकार उन्होंने ज़माने को नजर अंदाज करके इतिहास रचा उसी प्रकार हमें भी इतिहास रचना है और इस सारी दुनिया को नजर अंदाज करना है।

“बहुत सहा अब और नही” इस दुनिया की बहुत सारी बातो को सहा ये दुनिया कुछ गलती हो जाये तो आकर

कहती है मैंने कहा था ऐसे मत करो वैसे करो लेकिन तुम नहीं माने अगर मेरा कहना करते तो आज ऐसा नहीं होता और वाही अगर आप कुछ कर जाते है इतिहास रच जाते है तो ज़माने वाले कहते है देखा मैंने कहा था न ये कुछ कर दिखायेगा। इस दुनिया के लोगो का काम ही यही है कभी भी क्रेडिट लेने में पीछे नहीं रहते है इसलिए अब और नहीं दुनियावालो को सहना है मुझे जो करना है वह करके चला जाऊंगा इतिहास रचने आया हूँ इतिहास रच कर ही जाऊंगा।

आपकों बिजनेस करना, पैसे कमाना ये सब सीखते सीखते आपको खुद को भी बेहतर बनाना होगा क्योंकी अगर आप परफेक्ट रहोगे तो लाइफ में आपको किसी भी चीज की दिक्कत नहीं आएगी एक बिजनेसमैन बनने के लिए आपको सबसे पहले खुद को बेहतर बनाना होगा..

प्रत्येक व्यक्ति में कुछ न कुछ खामिया होती है उन कमियों की दूर करने को ही सेल्फ इम्प्रोव्मेंट कहते है हर इंसान में कुछ खामिया होती है और वो आपके अन्दर भी होगी जिसे व्यक्ति को खुद पता नहीं चल पाता।

अपने जीवन के उदेश्य को जानना और उसे प्राप्त करने के लिए ढृढ आत्मविश्वास रखना, यही सफलता

की ओर पहला कदम है। यह POSSITIVE विचार कि मै अवश्य सफल होऊंगा और उस पर पूरा विश्वास ही सफलता पाने का मूल मंत्र है। याद रखिए! विचार संसार की सबसे महान शक्ति है यही कारण है कि सफलता पाने वाले लोग पूर्ण आत्मविश्वास रखते हुए अपने कर्मो को पूरी कुशलता से करते हैं, दुसरों की सफलता के लिए भी वे सदा प्रयत्नशील रहते हैं।

प्रत्येक विचार, प्रत्येक कर्म का फल अवश्य मिलता है, अच्छे का अच्छा और बुरे का बुरा। यही प्रकृति का नियम है। इसमे देर हो सकती है पर अंधेर नहीं। इसलिये यदि आप सफल होना चाहते हैं तो मन में अच्छे विचार रखिए, सद्कर्म कीजिये और जरूरतमंदो की निःस्वार्थ भाव से सहायता तथा सेवा कीजिये। मार्ग में आने वाली कठिनाइयों, बाधाओं और दूसरों की कटु आलोचनाओं से अपने मन को अशांत न होने दीजिए।

जब अपनी समस्या न सुलझे

जब कोई अपनी समस्या को हल न कर सके तो उसके लिए सब से अच्छा तरीका एक ऐसे व्यक्ति की खोज करना है जिसके पास उससे भी अधिक समस्यायें हों, और तब वह उन्हें हल करने में उसकी सहायता

करे। आप की समस्या का हल अपने आप आपको मिल जाएगा। चौंकिये मत, इसे आजमाइये। और खुद कभी कभी एक्सपर्ट की राय जरुर ले अब आप सोचेंगे वो एक्सपर्ट कोन होगा राईट? वो ही इंसान जिसको रोज़ आप शीशे में देखते है वो ही है आपकी जिंदगी का सबसे अच्छा और परफेक्ट एक्सपर्ट ADVISOR..

बीज और फल अलग अलग नही

विश्व प्रसिद्ध विचारक इमर्सन ने ठीक ही कहा है कि - "प्रत्येक कर्म अपने में एक पुरस्कार है। यदि कर्म भली प्रकार से किया गया होगा और शुभ होगा, तो निश्चय ही उस का फल भी शुभ होगा। इसी प्रकार गलत तरीके से किया गया अशुभ कर्म हानिकारक होगा।" आप इसे पुरातन पंथ नैतिकता कह सकते हैं, जो कि वास्तव मे यह है। लेकिन साथ-साथ ही यह आधुनिक नैतिकता भी है। यह उस समय भी प्रभावशाली था, जब मनुष्य ने पहिये का अविष्कार किया था और भविष्य मे भी प्रभावशाली रहेगी, जब मनुष्य दुसरे ग्रहों में निवास करने लगेगा। यह नैतिकता से अधिक प्रकृति का क्षतिपूर्ति नियम है। जो जैसा करेगा वैसा भरेगा। वैज्ञानिक दृष्टी से कर्म और

फल के रुप मे दर्शाया जा सकता है। जैसे बीज बोओगे वैसे फल पाओगे। जैसे की आप आम का पेड़ लगाना चाहते है तो आम की गुटली ही बोनी होगी सेब अगर कहते है तो सेब के ही पेड़ को लगाना होगा वैसे ही अगर अच्छा चाहते है तो अच्छा ही करना होगा।

अंधविश्वास सफलता में सबसे बडी बाधक

मनुष्य जीवनभर इस अज्ञानपूर्ण अंधविश्वास से चिंतित रहते हैं कि कही उसे कोई धोखा न दे जाए। उसे यह ज्ञान नही होता कि मनुष्य को स्वयं उस के सिवाए कोई दूसरा धोखा नहीं दे सकता, वास्तव में, वह अपने ही मोह और भय के कारण धोखे मे फंसता है। हम भूल जाते हैं कि एक परमशक्ति भी है जो सदैव हर व्यक्ति के साथ रहती है। जब कोइ व्यक्ति किसी से कोइ समझोता या अनुबंध करता है, तो यह परमशक्ति अदृश्य और मौनरुप से एक साक्षी की तरह उपस्थित रहती है।

हम इस दुनिया को धोखा दे सकते हैं पर इस अदृश्य शक्ति को नहीं। इसलिए जो व्यक्ति दूसरों को धोखा दे कर या उस का शोषण करके जो व्यक्ति सफलता या धन प्राप्त करना चाहता है उसको अन्त

मे भयानक परिणामों को भुगतना पडता है। यही कारण है कि संसार के सभी संतों और महापुरुषो ने नि:स्वार्थ कार्य करने पर बल दिया है। और देखा जाये तो कही ना कही पैसो या किसी भी चीज के लिए हमारे मन में भी लालच आ जाता है इसीलिए कोई वक्ती हमारे साथ धोखा कर जाता है.

भय सफलता का दुश्मन

सफलता (Success) के मार्ग मे पडने वाली सबसे बडी बाधा हमारा भय ही है, वही हमारा दुश्मन है अत: हमे भयभीत नही होना चाहिए। इसको दुर करने के लिए सर्वोत्म उपाय यह है कि हम जिस वस्तु, आदमी या परिस्थिति से भयभीत होते है, उसी का बुद्धिमानी पूर्ण साहस से सामना करें। भय के कारणों पर विचार कर उन्हे दूर करें और जिस कार्य को करने से भय का अनुभव होता हो उसे परमात्मा पर अटूट श्रद्धा और आत्मविश्वास रखते हुए कर डालें। स्मरण रखिए आप का भय कोई दूसरा दूर नहीं कर सकता, वह केवल आप को सलाह दे सकता है, उसे दूर तो आप को ही करना होगा। खुद से खुद की लड़ाई है यहाँ अगर हारा तो भी तू हारा और जीता तो भी तू ही

जीतेगा तो जिंदगी में दुसरो से सलाह ले अपने भय के बार में लेकिन उसे दूर आपको ही करना होगा।

जलन से बचिए

ईष्या या जलन से हमारी मानसिक शान्ति भंग होती है जिसके कारण हम अपने कार्यों को पूरी योग्यता से नही कर पाते। इस का परिणाम यह होता है कि कर्म मे न सफलता मिलती है और न ही मानसिक आनंद। हमें दुसरो की उन्नति या चमक दमक को देख कर जलना नही चाहिए। ईष्या, द्वेष साधारण भाषा मे जलन कहते हैं। सच मे यह जलन हमारी कार्यकुशलता, मानसिक शान्ति और संतुलन को जला डालती है। अतः यदि हम अपने जीवन मे सफलता पाना चाहते हैं, तो जलन से बचना चाहिए।

वैज्ञानिक-सी सोच

हमारे मस्तिष्क के विचारों में संसार को बदल देने की शक्ति है। अगर आप अकेले चाहो तो पूरी दुनिया बदल सकते है बस आपको खुद पर विश्वास और आपकी सोच पर विश्वास होना चाहिए विचारों की शक्ति को एकाग्र करके आप अपने आप जीवन की

समस्त बाधाओं और कठिनाईयों को दुर कर वांछित सफलता प्राप्त कर सकते हैं विचारों की शक्ति से पहाड को भी हटाया जा सकता है। मनुष्य एक विचारशील प्राणी है, किसी भी कार्य को करने से पहले हमारे मन मे उस को करने का विचार आता है।

यह मानव के विचारों की ही शक्ति है, जो आज वह अंतरिक्षयानो के द्धारा ऐसे महान व अदभुत कार्य कर रहा है जिसकी पहले कलपना ही की जा सकती थी। ध्यान रहे, एक मूर्ख और वैज्ञानिक विचारो मे भौतिक अंतर होता है, जहां एक मुर्ख के विचार तर्कहीन और बेतुके होते हैं, वही वैज्ञानिक के विचार तर्कसंगत, व्यवस्थित, तथा प्राकृतिक नियमो पर आधारित होता है। जीवन मे सफल होने के लिए एक वैज्ञानिक के तरह विचार करना अवश्यक होता है।

अध्याय 11

आत्मविश्वास बढाएं और अपने सपने पुरे करे

◆ ◆ ◆

आत्मविश्वास

आत्मविश्वास का होना मतलब “स्वंय पर विश्वास एंव नियंत्रण” इस टॉपिक पर मैं आखिर में बात इसीलिए कर रहा हूँ ताकि आप इस किताब को पढना ख़त्म करे, उससे पहले आपके अंदर एक अलग सा जज्बा हो, एक अलग ही आग हो और जैसे ही आप इस किताब की आखिरी लाइन पढ़ो आप एक अलग इन्सान बन पाओ वैसे हमारे जीवन में आत्मविश्वास का होना उतना ही आवश्यक है जितना किसी फूल में खुशबू का होना। जीने के लिए ष्वास लेना और बोलने के लिए जुबान का होना, आत्मविश्वास के बगैर हमारी जिंदगी एक जिन्दा लाश के समान हो जाती है। कोई भी व्यक्ति कितना भी प्रतिभाशाली क्यों न हो वह आत्मविश्वास के बिना कुछ नहीं कर सकता। आत्मविश्वास ही सफलता की आधारशिला है,

आत्मविश्वास की कमी के कारण व्यक्ति अपने द्वारा किये गए कार्य पर संदेह करता है और नकारात्मक विचारों के जाल में फंस जाता है। आत्मविश्वास उसी व्यक्ति के पास होता है जो स्वंय से संतुष्ट होता है एंव जिसके पास दृड़ निश्चय, मेहनत, लगन, साहस, Commitment आदि संस्कारों की सम्पत्ति होती है।

आत्मविश्वास कैसे बढाएं

1. स्वंय पर विश्वास रखें, लक्ष्य बनायें एंव उन्हें पूरा करने के लिए वचनबद्ध रहें। जब आप अपने द्वारा बनाये गए लक्ष्य को पूरा करते है तो यह आपके आत्मविश्वास को कई गुना बढ़ा देता है।

2. ऐसे लक्ष्य बनाएँ जिसे आप प्राप्त कर सकें (Achievable and Realistic Goals) क्योंकि जब आप ऐसे लक्ष्य बनाते है जिसे आप पूरा नहीं कर सकते तो यह आपके self confidence को गिरा देते है और आपका स्वंय पर विश्वास कम हो जाता है। लक्ष्य स्मार्ट होना चाहिए। जैसे कि

- Specific (स्पष्ट)
- Measurable (मापां जा सकने योग्य)

- Achievable (प्राप्त किया जा सके)
- Realistic (वास्तविक)
- Time-Bound (निर्धारित समय सीमा में पूरा होने लायक)

3. खुश रहें, खुद को प्रेरित करें, असफलता से दुखी न होकर उससे सीख लें क्योंकि “experience हमेशा bad experience से ही आता है।”

4. हमेशा आसान काम पहले करें और मुश्किल काम बाद में। क्योंकि जब आप पहले आसान कार्य अच्छे से कर लेते है तो दबाव कम हो जाता है और confidence बढ़ता है जिससे मुश्किल कार्य भी आसान बन जाता है।

5. सकारात्मक सोच रखे, विनम्र रहे और दिन की शुरुआत किसी अच्छे काम से करे जिससे आपका पूरा दिन अच्छा जायेगा।

6. इस दुनिया में नामुमकिन कुछ भी नहीं है अगर आप चाहो तो सब कुछ हो सकता है लेकिन आपको जो चाहिए उसे पहले दिल से चाहना होगा तभी वो

मिलेगा, आत्मविश्वास का सबसे बड़ा दुश्मन किसी भी कार्य को करने में असफल होने का डर है।

तो वो काम अवश्य करें जिसमें आपको डर लगता है। क्योंकि डर के आगे जीत है ये आप भी जानते है...

7. आप यह मत सोचिये कि लोग आपके बारे में क्या सोचेंगे,ज्यादातर लोग कोई भी कार्य करने से पहले कई बार यह सोचते है कि वह कार्य करने से लोग उनके बारे में क्या सोचेंगे या क्या कहेंगे और इसलिए वे कोई निर्णय ले ही नहीं पाते एंव सोचते ही रह जाते है और समय उनके हाथ से पानी की तरह निकल जाता है। ऐसे लोग हमेशा डर-डर के जीते हैं और बाद में पछताते हैं। इसलिए ज्यादा मत सोचिये जो आपको सही लगे वह कीजिए, क्योंकि शायद ही कोई ऐसा कार्य होगा जो सभी लोगों को एक साथ पसंद आये।

8. सच बोलें, ईमानदार रहें, धूम्रपान न करें, प्रकृति से जुड़े, अच्छे कार्य करें तथा जरुरतमंद की मदद करें। क्योंकि ऐसे कार्य आपको सकारात्मक शक्ति देते हैं वही दूसरी ओर गलत कार्य एंव बुरी आदतें हमारे आत्मविश्वास को गिरा देते हैं।

9. वह कार्य करें जिसमें आपकी रुचि हो और कोशिश करें कि अपने कैरियर को उसी दिशा में आगे लें, जिसमें आपकी रुचि हो।

10. अच्छे दिखिए और अपना Dressing Sense Improve कीजिये। दूसरों की देखा-देखी मत कीजिए, वह पहनिए जो आपको comfortable लगे। कपड़े कम खरीदिये लेकिन अच्छे खरीदिये।

11. व्यवहारकुशल बनें और हमेशा नम्रता व मुस्कराहट के साथ व्यवहार करें। इससे न केवल आपका आत्मविश्वास बढेगा, बल्कि इससे आपके अच्छे मित्रों की संख्या भी बढ़ेगी। अच्छे मित्र हमेशा मदद करने के लिए तैयार रहते हैं और आपके सुख दुःख में हमेशा आपके साथ होते हैं।

12. Motivational Seminars में हिस्सा लें, ऐसे Television Program या Videos देखें जो आपको प्रेरणा दें, Self Improvement and Personal Development की किताबे एंव प्रेरणादायक लेख पढ़े। ऐसे प्रेरणादायक लेख एंव किताबें हमारे Mind को Recharge कर देती है।

13. वर्तमान में जिओ क्योंकि न तो भूतकाल एंव न ही भविष्यकाल पर हमारा नियंत्रण है।

14. सकारात्मक सोचें, अच्छे मित्र बनायें, बच्चों से दोस्तीं करें और आत्मचिंतन करें।

15. Meditation, योग एंव प्राणायाम करें। अपने लिए समय निकालें और कुछ समय एकांत में बिताएं। स्वंय से बात करें और यह महसूस करें कि आप एक बेहतर इन्सान है।

16. अपनी सफलताओं को याद करें और कल्पना करें कि आप कुछ भी कर सकते है और आपके लिए नामुकिन कुछ भी नहीं।

17. हमेशा चिंतामुक्त रहने की आदत बनायें, रचनात्मक तरीके से सोचें और कुछ न कुछ नया करते रहें दिन में कुछ समय संगीत सुनने, खेलने अथवा रचनात्मक कार्यों के लिए जरूर निकालें।

18. आत्मनिर्भर बनें एंव जितना हो सके अपने कार्य स्वंय करने की कोशिश करें। आत्मनिर्भरता से आपका Confidence लेवल बढ़ता है।

19. ऐसे कार्य न करें जिसमे आपका Interest नहीं और आप अपना 100% नहीं दे सकते या फिर इन कार्यों में अपना Interest बनाएं और Best करें। क्योंकि जब आप बिना Interest के कोई काम करते है तो आप का Confidence Level गिरता है।

20. उस बारे में सोचना बंद कर दें जिस पर हमारा नियंत्रण न हो। "अगर आप उस बातों या परिस्थियों की वजह से दुखी हो जाते है जो आपके नियंत्रण में नहीं है तो इसका परिणाम समय की बर्बादी व भविष्य पछतावा है जिससे आपका Self Confidence गिरता है।

21. दृढ निश्चय:- आप अपने लक्ष्य के प्रति अडिग रहें और अपना 100% दें। मेहनत व लगन से बड़े से बड़ा मुश्किल कार्य आसान हो जाता है। अगर लक्ष्य को प्राप्त करना है तो बीच में आने वाली बाधाओं को पार करना होगा, मेहनत करनी होगी, बार-बार दृढ़ निश्चय से कोशिश करनी होगी।

"असफल लोगों के पास बचने का एकमात्र साधन यह होता है कि वे मुसीबत आने पर अपने लक्ष्य को बदल देते है।"

अगर आपको सफल होना है तो अपने लक्ष्य पूरे करने की आदत बनाओ, न कि उन्हें बार बार बदलने की। अगर आपका अपने लक्ष्य के प्रति दृढ़ निश्चय नहीं हैं तो आपके Confidence का गिरना तय है।

कितना जरुरी है लक्ष्य बनाना?

एक बार एक आदमी सड़क पर सुबह सुबह दौड़ (Jogging) लगा रहा था, अचानक एक चौराहे पर जाकर वो रुक गया, उस चौराहे पर चार सड़के थीं जो अलग -अलग रास्तों पर जाती थीं। एक बूढ़े व्यक्ति से उस आदमी ने पूछा - सर ये रास्ता कहाँ जाता है ? बूढ़े व्यक्ति ने पूछा- आपको कहाँ जाना है? आदमी - पता नहीं, बूढ़ा व्यक्ति - तो कोई भी रास्ता चुन लो क्या फर्क पड़ता है। वो आदमी उसकी बात को सुनकर निःशब्द सा रह गया, कितनी सच्चाई छिपी थी उस बूढ़े व्यक्ति की बातों में। सही ही तो कहा जब हमारी कोई मंजिल ही नहीं है तो जीवन भर भटकते ही रहना है।

जीवन में बिना लक्ष्य के काम करने वाले लोग हमेशा सफलता से दूर रह जाते हैं जबकि सच तो ये है कि इस तरह के लोग कभी सोचते ही नहीं कि उन्हें

क्या करना है? हार्वर्ड यूनिवर्सिटी में किये गए सर्वे की मानें तो जो छात्र अपना लक्ष्य बना कर चलते हैं वो बहुत जल्दी अपनी मंजिल को प्राप्त कर लेते हैं क्यूंकि उनकी उन्हें पता है कि उन्हें किस रास्ते पर जाना है।

1. लक्ष्य एकाग्र बनाता है - अगर हमने अपने लक्ष्य का निर्धारण कर लिया है तो हमारा दिमाग दूसरी बातों में नहीं भटकेगा क्योंकि हमें पता है कि हमें किस रास्ते पर जाना है? सोचिये अगर आपको धनुष बाण दे दिया जाये और आपको कोई लक्ष्य ना बताया जाये कि तीर कहाँ चलना है तो आप क्या करेंगे, कुछ नहीं तो बिना लक्ष्य के किया हुआ काम व्यर्थ ही रहता है। कभी देखा है कि एक कांच का टुकड़ा धूप में किस तरह कागज को जला देता है वो एकाग्रता से ही सम्भव है।

2. आपकी प्रगति का मापक है लक्ष्य- सोचिये की आपको एक 500 पेज की किताब लिखनी है, अब आप रोज कुछ पेज लिखते हैं तो आपको पता होता है कि मैं कितने पेज लिख चूका हूँ या कितने पेज लिखने बाकि हैं। इसी तरह लक्ष्य बनाकर आप अपनी प्रगति (Progress) को माप (Measure) सकते हैं और आप जान पाएंगे कि आप अपनी मंजिल के कितने करीब

पहुंच चुके हैं। बिना लक्ष्य के ना ही आप ये जान पाएंगे कि आपने कितना Progress किया है और ना ही ये जान पाएंगे कि आप मंजिल से कितनी दूर हैं?

3. लक्ष्य आपको अविचलित रखेगा- लक्ष्य बनाने से हम मानसिक रूप से बंध से जाते हैं जिसकी वजह से हम फालतू की चीज़ों पर ध्यान नहीं देते और पूरा समय अपने काम को देते हैं। सोचिये आपका कोई मित्र विदेश से जा रहा हो और वो 9:00 PM पे आपसे मिलने आ रहा हो और आप 8 :30 PM पे अपने ऑफिस से निकले और अगर स्टेशन जाने में 25 -30 मिनट लगते हों तो आप जल्दी से स्टेशन की तरफ जायेंगे, सोचिये क्या आप रास्ते में कहीं किसी काम के लिए रुकेंगे? नहीं, क्यूंकि आपको पता है कि मुझे अपनी मंजिल पे जाने में कितना समय लगेगा। तो लक्ष्य बनाने से आपकी सोच पूरी तरह निर्धारित हो जाएगी और आप भटकेंगे नहीं।

4. लक्ष्य आपको प्रेरित करेगा - जब भी कोई व्यक्ति सफल होता हैं, अपनी मंजिल को पाता है तो एक लक्ष्य ही होता है जो उसे आगे बढ़ने के लिए प्रेरित

करता है। आपका लक्ष्य आपका सपना आपको उमंग और ऊर्जा से भरपूर रखता है।

तो बिना लक्ष्य के आप कितनी भी मेहनत कर लो सब व्यर्थ ही रहेगा जब आप अपनी पूरी Energy किसी एक लक्ष्य का निर्धारण करोगे तो निश्चय ही सफलता आपके कदम चूमेगी।

अध्याय 12

सफलता का राज-कुछ महत्वपूर्ण बातें जो एक सफल (अमीर) व्यक्ति को आम आदमी से अलग करती हैं

◆ ◆ ◆

सफलता का राज

वैसे मैंने पहले ही बताया कि सफलता का कोई राज़ नहीं होता, पर अगर आपको वो चीज मैं बताऊ जो आपको सच में सफल बना सकती है और वो आपको पता ही नहीं हो तो वो एक बड़े राज़ से कम भी नहीं है उसी बात को राज़ की बात कह सकते है। जो किसी को कही ना गई हो और वो बात बड़े काम की हो। वैसे आज के इस मँहगाई के समय में हर कोई अमीर बनना चाहता है। इसके लिए वह दिन-रात कड़ी मेहनत भी करता है। इसके बावजूद भी बहुत से लोग सफल नहीं हो पाते हैं। असफल होने पर ज्यादातर लोग अपनी किस्मत को दोष देते हैं। वहीं, कुछ लोग ऐसे भी होते हैं जो बहुत कम समय में सफलता के शिखर

पर पहुंच जाते हैं। ऐसे में आपके मन में यह सवाल उठना लाज़मी है कि धनी लोगों में ऐसा क्या खास होता है, जिसके दम पर वे बड़ा Empire तैयार कर लेते है | मैं आपको वही बात अब बताने वाला हूँ जिसका ज़िक्र मेने पहले पेज पर किया था वही सवाल जो मैंने पहले पेज पर पूछा था, मुझे यकींन है कि आपने खुद भी उससे ढूढने की कोशिश की होगी पर यहाँ पर में कुछ ऐसे पोंट्स बताने वाला हूँ जो सच में आपकी जिंदगी को बदल सकते है। क्योंकि ये बहुत से सफल लोगो के साथ बातचीत करके लिखा गया है। जिसमे उनके विचार उनकी आदते और बाते आपको पता चलेगी और आप भी सीख कर आगे बढ़ पाएगें और यह पॉइंट्स पूरी किताब की एक समरी जैसा है..

1. लक्ष्य का निर्धारण

किसी भी काम को करने के लिए सबसे पहले उसकी तह तक जाना या उसके बारे में गहराई से जानना बहुत जरुरी होता है। आपने कभी यह सोचा है कि एक लेजर बीम किसी भी कठोर चीज को कैसे काट देता है। ऐसा इसलिए होता है कि बीम अपनी पूरी क्षमता एक ही स्थान पर केंद्रित करती

है। ऐसा कर वह कठोर से कठोर चीज को काट देता है। ठीक इसी तरह की जीवटता अमीर या सफल लोगों में होती है। वे अपनी पूरी शक्ति एक समय में एक ही काम पर लगाते हैं। वहीं आम लोग एक वक्त में कई कामों को एक साथ लेकर चलते हैं। ऐसे में वे अपने लक्ष्य से भटक जाते हैं और असफल हो जाते हैं।

2. लक्ष्य पर केंद्रित

अमीर और गरीब के बीच दूसरा बड़ा अंतर गोल को लेकर संजीदा होने का होता है। अमीर लोग अपने लक्ष्य (Goal) को लेकर हमेशा सजग रहते हैं। दुनिया भर के 80 फीसदी अमीर लोग अपनी सफलता की वजह अपने गोल पर Focus होना मानते हैं। वे अपने तय किए हुए गोल को पाने के लिए कड़ी मेहनत करते हैं। उनके लिए गोल प्राप्त करने के लिए कोई Chance Factor नहीं होता है।

3. सोचने का विस्तृत दायरा

अमीर और गरीब के बीच तीसरा सबसे बड़ा अंतर सोचने का दायरा होता है। अमीर लोग हमेशा दूर की

सोचते हैं या खुल कर सोचने में विश्वास रखते हैं जबकि आम लोग ऐसा नहीं कर पाते हैं। ज्यादातर लोग अपनी जीवन को बेहतर बनाने के चक्कर में ही सोचते रह जाते हैं। इस कारण वह कभी भी बड़ा नहीं सोच पाते हैं।

4. समय का मूल्य

अमीर और गरीब के बीच समय का उपयोग करने में भी बड़ा फर्क होता है। अमीर आदमी हर एक पल के अनुसार प्लान बनाकर काम करते हैं, जबकि आम लोग महीने और साल में इसकी गणना करते हैं। अमीर जब घंटे के हिसाब से सोचते हैं तो वे अपना समय सही कामों में उपयोग कर पाते हैं। दो घंटा भी किसी फालतू के काम में खराब करते हैं तो उनको इसका अहसास हो जाता है। वहीं, आम लोग के कई दिन बर्बाद हो जाए फिर भी उनको इसका पता नहीं चल पाता है।

5. सीखने की ललक

अमीर बनने के लिए समय व स्थिति के अनुसार चलना बहुत जरूरी होता है। अमीर आदमी अपने अंदर

हमेशा नई चीजें सीखने की ललक बरकरार रखता है। किसी ने कहा है कि जिसके पास जितना ज्ञान होगा वह उतना तेजी से आगे बढ़ेगा। इसलिए अमीर आदमी हमेशा कुछ न कुछ नया सीखने का प्रयास करता है। वह टीवी देखकर या गप्पें मारकर समय बर्बाद करने के बजाय अच्छी किताबें पढ़ना ज्यादा पसंद करता है।

6. काम के प्रति जिद्दी होना

सफल या अमीर लोग किसी भी कार्य को लगन और मेहनत से करते हैं। वे अपने काम के प्रति जिद्दी होते हैं। असफलता हाथ लगने के बावजूद वह उस कार्य में लगे रहते हैं। यह क्रम तब-तक चलता रहता है जब तक कि वो पूर्णतया उस कार्य में सफलता न प्राप्त कर लें। कई दफा इस प्रक्रिया में अमीर लोग अपना सब कुछ दांव पर लगा देते हैं या डुबा लेते हैं। फिर भी अपने तय लक्ष्य को पाने के लिए डटे रहते हैं। यही उनके सफलता का मूल मंत्र होता है। Finally वे सफल होकर ही दम लेते हैं।

7. नेटवर्किंग की समझ

अमीर लोग नेटवर्किंग के पावर को बहुत अच्छी तरह समझते हैं। वे अपने लक्ष्य में Support करने वाले लोगों से मिलकर एक-दूसरे से अपनी Knowledge Share (Networking) करते हैं। इससे उनको अपने लक्ष्य को पाने में सहुलियत मिलती है। नेटवर्किंग से अमीर आदमी और इनोवेटिव हो जाते हैं और इसका इस्तेमाल वे अपने काम में करते हैं। इससे उनको सफल होने में मदद मिलती है।

8. आत्मविश्वाश

आमतौर पर आम आदमी ख्यालों में लॉटरी, जैकपॉट या कोई बड़ा इनाम कहीं से मिलने की आस लगाए हुए रहता है। उसे लगाता है कि किस्मत उसका साथ देगी तो वह कुछ दिनों में करोड़पति बन जाएगा। इस चक्कर में वह अपना कीमती समय बर्बाद करता रहता है, लेकिन अमीर बनने वाला आदमी कभी भी ऐसा नहीं सोचता है। वह प्रयास कर और निरंतर पैसा कमाने पर अपना पूरा ध्यान केंद्रित करता है।

9. विकास कार्यों पर नजर

आम आदमी अपनी किए हुए काम को शायद ही ट्रैक करता है। वह इस बात की परवाह बहुत ही कम करता है कि उसने पीछे क्या पाया और खोया। वहीं, अमीर आदमी या सफल व्यक्ति अपने कार्य को हमेशा खुद से Track करता रहता है। वह अपने किए हुए कामों में खामियां ढूंढता है और उसे बेहतर करने का प्रयास करता रहता है।

10. भाग्य पर विश्वाश

गरीब आदमी या आर्थिक रूप से कमजोर लोग अपने भाग्य या लक को कोसते हैं। अपनी असफलता के पीछे Luck को जिम्मेदार मानते हैं। वहीं, अमीर आदमी के शब्दकोष में लक या भाग्य जैसा कोई शब्द नहीं होता है। वे अपने मेहनत और कर्म पर विश्वास करते हैं। आखिर में बस यही कहना चाहूँगा की आपने सपनो के पीछे पड़ जाओ जब तक पूरा ना हो आपका हर सपना तब तक लगे रहो, क्योंकि इस दुनिया में अगर आप आये है तो सिर्फ मिटटी में मिलने के लिए तो नहीं आयें होंगे ,आपको अपना नाम बना कर जाना है इतिहास आपको याद रखे ऐसा कुछ करके जाना है..

इसी के साथ आज से अभी से आप एक **,नई जिंदगी की शुरुआत करिए और आगे बढ़िए।**

कर कुछ ऐसा की तेरा नाम बन जाए

कर कुछ ऐसा की तेरा नाम बन जाए
बन कुछ ऐसा की तू लोगो के लिए मिसाल बन जाये॥
चाहे कितनी भी बार गिरे तू सफलता के रास्तो पर
लेकिन जब भी तू उठे एक नया इतिहास बन जाए॥
हजारों लोग आये है इस दुनिया मे
हजारों लोग चले गए॥
कितने लोग मिटटी में मिल गए
कितने लोग मिटटी पुतले बन गए ॥
कर कुछ ऐसा की तेरा नाम हो जाए
बन कुछ ऐसा की तू लोगो के लिए मिसाल बन जाए॥
सपने तू देख आसमान को छूने के
पर रहना ज़मीन पर जिससे पराये भी तेरे अपने बन जाए॥

बन कुछ ऐसा की लोग तेरे दीवाने बन जाए

और जब भी तू मिटटी पर बैठे लोग तेरे साथ बैठ पाए॥

जगा तू अपने अन्दर एक जूनून जीतने का

अगर तू अकेला भी राह मे निकले तो तेरे पीछे दुनिया चलने लगे ॥

राह भले होगी तेरी कांटो भरी

लेकिन चल तू ऐसे की तेरे पैरो के निशान छुट जाए॥

जी ले तू इस ज़िन्दगी को कुछ इस ढंग से

की तेरे जाने के बाद चाहे कोई तुझे याद रखे न रखे

किसी किताब में तेरा नाम अमर हो जाए॥

कर कुछ ऐसा की तेरा नाम हो जाए

बन कुछ ऐसा की लोगो के लिए तू मिसाल बन जाए॥